JN084892

Diving into Japanese Culture and Society through Food
Intermediate to Advanced

First published 2023

Kurosio Publishers
4-3, Nibancho, Chiyoda-ku, Tokyo 102-0084, Japan

ISBN 978-4-87424-944-4
Printed in Japan

中〜上級日本語教材

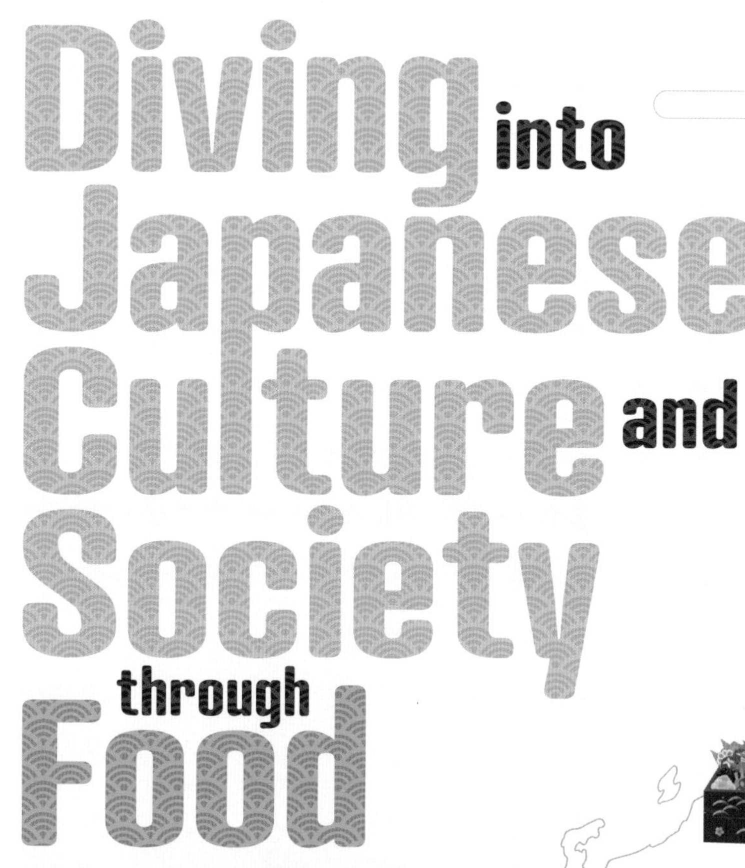

Yuko Prefume●Akiko Murata●Hiroshi Tajima

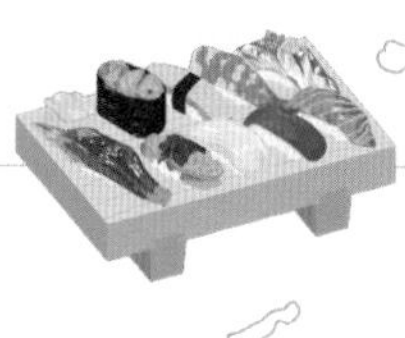

くろしお出版

はじめに

外国語を効果的に学ぶ方法は多くの人が探していますが、王道はないと思います。あるとしたら、「外国語を学ぶことが楽しい、学びたい」という、モチベーション（動機）があることだと思います。モチベーションを促すのに重要な要素の一つに「内容重視の外国語教育（ Content-Based Instruction)」があります。「内容重視の外国語教育」とは、学習者が内容（テーマ）を学ぶ過程の中でことばの力も伸ばしていく方法です。

では、どのような内容を選ぶかというと、それは「食」が相応しいテーマの一つではないかと考えられます。なぜなら、「食」は人間が生きるために誰もが共感できる生活に欠かせない基本的な営みであり、楽しみながら学ぶためのとてもよいテーマだからです。さらに「食」というテーマを追求していくと、食材や調理法に始まり、その国の地理、文化、歴史、メディア、健康、労働、教育、ジェンダー等、様々な社会的テーマと繋がっていくので、日本社会を多面的に探ることができるようになります。

本書はこのようなことをふまえて作成した「食」と「社会」を中心に据えた日本語教材です。各章では「食」に関する読み物から出発して、さまざまな社会現象や社会課題を調査し発表するプロジェクトを行い、発展練習として世界中で取り組まれている持続可能な開発目標（Sustainable Development Goals/SDGs）についても考える機会も提供しています。

「食」というコンテンツを重視し、読者に日本の食の魅力を紹介すると共に、食と日本社会との関係について考え、また、学習者自身の国の食文化や社会と比較して考えることで、問題意識をもち自分に何ができるかを考える機会になればと思います。そして、「食」を通じて生きた日本語を楽しく学んでほしい、「食」を通じた社会の課題解決に関わってほしい、そんな想いをもって本書をお届けします。

2023 年 3 月

筆者一同

Preface

We are all looking for the most effective way to learn a new language, but there is no simple path. Motivation is the key: when learning itself is enjoyable, you naturally want to continue. One of the most important factors in boosting motivation is "Content-Based Instruction." "Content-Based Instruction" is a method of improving language skills through the process of learning content.

So, what kind of content should we choose? We believe that "food" is one of the most appropriate themes. Very few people have no interest in food! It is an excellent topic for enjoyable language learning because it is something we all relate to as humans. With this topic, we can explore many facets of Japanese society, starting with preparation and ingredients, then connecting it to various societal themes such as geography, culture, history, media, health, labor, education, gender, and more.

This Japanese language teaching resource places both food and society at the heart of learning. Each chapter begins with reading on food followed by research and presentation projects on various social phenomena and issues. As a development exercise, the book also provides an opportunity to consider Sustainable Development Goals (SDGs) being addressed around the world.

It is our desire that readers will be captivated by the topic of food and see how it intersects with society in various ways. We also hope that by comparing the food culture and society of your own country, your own awareness of the issues will grow and you will be encouraged to think about what you can do to help. We hope you will both learn real, everyday Japanese and engage in solving social issues.

3/2023

The Authors

第7章　食と教育と格差

第8章　食と健康

第9章　食と労働

第10章　食と社会の課題解決

◉レシピ集

本書の使い方（教師のみなさまへ）

■本書の特徴・ねらい

本書は「食」というコンテンツを重視し、「食」を通じて、日本語と日本社会を学ぶことを目的としています。食をテーマに「読む」「話す」「活動する」「意見を述べる」などの多様な活動を行い、日本語を使いながら食と社会の理解を深め、人とつながりをもち、自分の意見を発信・共有することができるようにデザインされています。これらの活動を通じて、日本の社会や文化への理解を深めるとともに日本語を使用することへの自信をつけることができるでしょう。本書には語彙や読み物に英訳が付いているため（ダウンロード）、中～上級以外の学習者でも英文を読んで内容を理解することができます。

■本書の対象者

主には、**中級～上級の学習者**が対象となります。各章が二つのセクションに分かれていて、それぞれのセクションは日本語のレベルが異なりますので、レベルに合わせてお使いいただけます。

▶ Section 1＝中級（N3 レベル）

▶ Section 2＝中上級・上級（N2 レベル以上）

■本書の構成

本書は 10 章のテーマで構成されます。順番に進めてもいいですし、授業の目標や学習者の興味に応じて、章を選んで進めることもできます。二つのセクションは日本語のレベルが異なるので、授業では Section 1，2 の両方を使うこともできますし、学習者の興味、言語レベルなどに応じて、適宜選んでお使いください。

▶中級の学習者の場合：Section 1 を中心に扱い、Section 2 は教師が概要のみ紹介する

▶中上級・上級の学習者の場合：Section 1 は速読で簡単に内容を話し合い、Section 2 を中心に扱う

▶初級の後半（N4 レベル程度）の学習者の場合：本文の英訳（ダウンロード）を使って読む

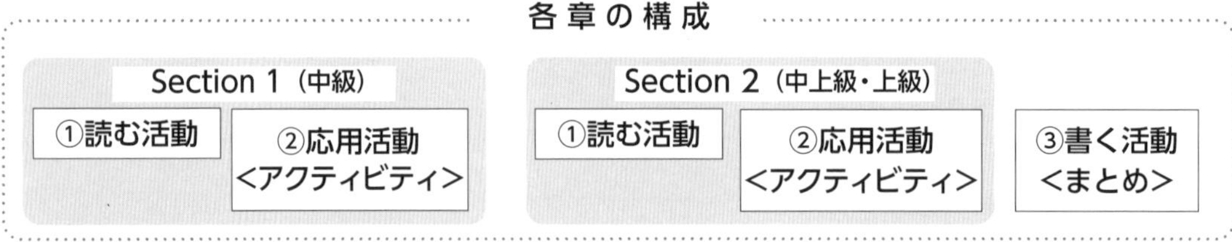

①読む活動

▶ **Let's Talk**：そのセクションのテーマや本文の内容について学習者の興味を喚起します。

▶ **本文**：本文を読み、そのテーマについて知識を深めます。**音声が付いて**います。

▶ **内容確認**：本文の内容についての質問に答え、本文理解の確認をします。

▶ **考えよう**：そのセクションの本文について学習者自身が多面的に考えたり、自分や自国のことと比較をしたりして、問題意識を持ち理解を深めます。

▶**文法表現**：Section 1では、本文で扱っている中級文法の項目と例文を提示しています。

▶**ことばコーナー**：食にまつわることばや漢字、慣用句などを問題形式で紹介しています。

②応用活動 <アクティビティ>

各セクションの応用活動としてそのテーマや本文の内容と関連した**<アクティビティ>**を行います。各活動を行ったあとは、調査の成果物を授業やクラスの規模に合わせて、適宜発表してください。活動の内容と目標は**p.99-100の「アクティビティの活動内容／目標」**の表をご参照ください。

◉活動の手順と注意

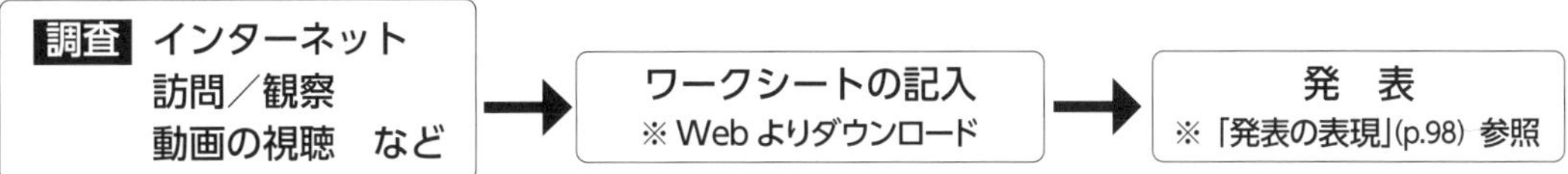

- ▶ 応用活動として各章でいくつかのアクティビティを挙げてありますが、全部する必要はありません。学習者の興味や関心に応じて、1つか2つ選んで行うとよいでしょう。
- ▶ アクティビティは、**グループでも個人でも**行うことができます。適宜クラスのサイズに合わせて活動を行ってください。
- ▶ ほとんどのアクティビティには「ワークシートの記載例」を掲載しています。それをふまえて活動をするとよいでしょう。また、「例」は著者による作例も多く含まれていますので実在するものではない場合もあります。**ワークシートはダウンロード**でご利用いただけます。
- ▶ 調査をする際には、必ず出典の形式を確認し、明記することを学習者に意識づけましょう。
- ▶ 活動の難易度は「★★★」で示してありますので、学習者のレベルに応じて参考にしてください。
- ▶ アクティビティを宿題にするときは、事前準備のために授業の最後に5～10分ぐらい費やし、ワークシートの内容の説明と意味の確認をするとよいでしょう。
- ▶ 各アクティビティには検索ワードの例がありますが、最初にクラスで検索ワードのブレインストーミングをしてもよいでしょう。また、ポップアップ辞書の使い方などのオリエンテーションをして練習するとよいでしょう。
- ▶ 調査の成果物などは、クラスで発表しましょう。発表の際には「発表の表現（p.98）」を参照してください。また、クラスで共有するだけでなく、個人情報に配慮し、問題のないものはオンラインで外部に発信することを奨励するとよいでしょう（SNS、動画等）。

③書く活動 <まとめ>

章の最後に、読む活動、応用活動をふまえて自分の意見や考えを書く練習をします。学習者が自分の考えを文章にすることにより、取り上げたテーマについてより深く理解し、自分の意見を明確にすることができます。教師も学習者の学びを個別に確認でき、内容だけではなく言語学習の観点からも、コメントやフィードバックをすることで、間違いに気づかせたり、日本語の表現力の向上が期待できます。三つの問いがありますので、学習者のレベルや興味によって全て書かせてもいいですし、興味ある設問を一つ選んで書かせてもよいでしょう。章のテーマと関連して、学習者がほかに書きたい内容があれば提案させましょう。作文の長さは教師が事前に伝えておくとよいでしょう。

◉応用①：SDGs

本書で扱っている「食」のテーマは、様々な形でSDGsの社会課題と関わっています。

> 「SDGs」（Sustainable Development Goals／持続可能な開発目標）とは、「我々の世界を変革する：持続可能な社会のための「2030アジェンダ」」を指し、2015年に国連総会で採択されました。SDGsは様々な地球規模の課題を取り上げ、わたしたち一人一人が取り組む必要のある目標を掲げています。

各章のテーマがSDGsの課題とどのように関わっているかディスカッションし、自分にできることを提案し、食を通じた社会貢献について学習者が考える姿勢・態度を育成します。

[1] No Poverty [2] Zero Hunger [3] Good Health and Well-Being [4] Quality Education [5] Gender Equality [6] Clean Water and Sanitation [7] Affordable and Clean Energy [8] Decent Work and Economic Growth [9] Industry, Innovation and Infrastructure [10] Reduced Inequalities [11] Sustainable Cities and Communities [12] Responsible Consumption and Production [13] Climate Action [14] Life Below Water [15] Life On Land [16] Peace, Justice and Strong Institutions [17] Partnerships for the Goals

■本書とSDGsとの関連

章	関連するSDGsの目標
第１章	11.4 文化遺産の保護・保全の努力
第２章	9. 産業と技術革新の基盤を作ろう、11. 住み続けられるまちづくりを
第３章	3. すべての人に健康と福祉を、10. 人や国の不平等をなくそう
第４章	10. 人や国の不平等をなくそう、11-4 文化遺産の保護・保全の努力
第５章	10. 人や国の不平等をなくそう
第６章	3. すべての人に健康と福祉を、12. つくる責任つかう責任
第７章	5. ジェンダー平等を実現しよう
第８章	1. 貧困をなくそう、2. 飢餓をゼロに、3. すべての人に健康と福祉を、4. 質の高い教育をみんなに
第９章	8. 働きがいも経済成長も、10. 人や国の不平等をなくそう
第10章	1. 貧困をなくそう、 2. 飢餓をゼロに、12. つくる責任つかう責任 17. パートナーシップで目標を達成しよう

◉応用②：料理にチャレンジ

本書には、６つの料理レシピを掲載しています。どれも簡単に美味しく作れるものなので調理に挑戦する活動を加えてみましょう。「食レポ」をする場合は p.55 の「食レポの表現」を参照するように指導してください。

■授業時間の目安

本書は、授業の目標や学習者の興味に応じて、章やセクションを選んで進められるようになっています。中級の場合、各章の授業時間の目安は 250 ～ 300 分です。1 学期が 15 週間の場合、最低５～６章カバーできます。

▶中級の場合：250-300 分（1 学期 15 週間の場合）

Section 1		Section 2		
45 分	60 分	45 分	60 分	60 分
読む活動	応用活動 <アクティビティ>	読む活動	応用活動 <アクティビティ>	書く活動 <まとめ>

▶中上級・上級の場合：180 分（90 分 X 2）で 1 章をカバーします。

大学における内容重視の科目、短期の交換留学生向けの科目、地域の国際交流・ボランティア教室、バーチャル国際交流など、様々な教室で使用する際の**本書を使った授業計画例の詳細はウェブサイトをご覧ください。**

Web ダウンロード● For teachers

ウェブサイトで以下のものがダウンロードできます。授業に役立ててください。

- ☐ 単語リスト　英語翻訳
- ☐ 読み物の英語翻訳
- ☐ アクティビティ設問文の英語翻訳
- ☐ アクティビティのワークシート
- ☐ 読み物の音声
- ☐ 文法・語彙練習問題
- ☐ 授業計画例
- ☐ 教師用指導手引き

⬇ DOWNLOAD

https://www.9640.jp/books_944/

※ 各章本文の英語翻訳がウェブサイトからご覧いただけます。学習者の日本語のレベルやクラスの目的に応じて活用することができます。また、英語で日本の食と社会事情を学ぶ授業、日本の学習者と海外の学習者の英語と日本語を用いた国際共修、オンラインの国際協働学習等でも使用できます。

学習者のみなさまへ

■本書の特徴・ねらい

本書では、食に関係した多様なトピックについて「読む」「話す」「活動する」「振り返って意見を述べる」などの活動を行い、日本の社会課題について学ぶことができます。日本語を使いながら、食と社会について学び、人とつながり、自分の意見を人に伝えたりして、日本語を使うことへの自信をつけることを目指しています。

■読み物

各章の二つの読み物（本文）からは、その章のテーマやトピックについて知ることができます。難しい言葉があったら語彙リスト（ダウンロード）を使って読んでください。【内容確認】の質問では本文の内容がわかっているかどうか確認します。【考えよう】には正解はありません。自分や自国のことと比べて、問題点に気づいたり考えたりしましょう。読み物には<u>音声が付いて</u>います。

■アクティビティ

<活動の仕方>

各章のセクションには調査、ウェブでの検索、インタビュー、アンケート、食レポ、動画撮影などの様々なアクティビティがあります。グループでも個人でもできます。ほとんどのアクティビティには「例」があるので参考にしてください。調査をするときは、必ず出典を書いてください。

出典の例：

熊倉功夫・江原絢子（2015）『和食とは何か』思文閣出版

Theodore C. Bestor. (2018). Washoku, Far and Near: UNESCO, Gastrodiplomacy, and the Cultural Politics of Traditional Japanese Cuisine. In Nancy K. Stalker (Ed.), *Devouring Japan: Global perspectives on Japanese culinary identity*, 99-117. Oxford University Press.

岩村暢子（2014）「家庭の和食―今そこにある危機」https://www.nippon.com/ja/currents/d00110/（最終アクセス 2021 年 11 月 13 日）

"第 9 回地産地消給食等メニューコンテスト（農林水産省）," https://www.maff.go.jp/tohoku/seisan/tisantisyou/pdf/chisanmenu-2016.pdf（最終アクセス 2023 年 1 月 4 日）.

1 調査／ウェブの検索：

- ウェブで検索するときは、各アクティビティの「検索ワードの例」を使ってもいいですし、自分で検索ワードを入れてもよいでしょう。思ったような記事やサイトが見つからないときは先生やクラスメートに検索ワードの例を聞いてください。
- 日本語の記事やウェブサイトには、わからない漢字や言葉がたくさんあるかもしれませんので、「ポップアップ辞書」を使うとよいでしょう。（ポップアップ辞書の例：Yomichan、rikaikun、rikaichan、Popup Japanese Dictionary など）
- インターネット上の情報は全て正しいわけではありません。どこから、だれが、いつ発信したか、信用できるか確かめましょう。事実か意見（fact or opinion）かも考えてください。

2 インタビュー／アンケート：

・インタビューをするときは、相手に失礼がないようにしましょう。インタビューが終わったら必ずお礼を言いましょう。
・最初に自分の名前、授業の名前、インタビュー／アンケートの目的、何分ぐらいかかるか、いつまでに回答してほしいかを伝えましょう。
・相手の話を聞いてメモしましょう。
・もし相手から許可がもらえたら、スマートフォンのボイスレコーダーなどを使って録音をしましょう。
・アンケートは無料のオンラインツールを使うと便利です。

3 食レポ：

・本書の中には、料理を食べたり作ったりするアクティビティがあります。食レポの「レポ」は「レポート」の略です。その場で料理を食べて、感想を言うことです。
・楽しい食レポのコツは、見た目、香り、食感、味の４つを言葉で表現することです。
・食レポで使う言葉は p.55 を見てください。
・食レポを動画に撮ってクラスで共有するとよいでしょう。

4 動画撮影：

・スマートフォンのビデオカメラなどを使って動画撮影をしてみましょう。
・動画を撮る前に、内容と構成を考えましょう。
・食レポを含めお店などで動画を撮るときは、必ずお店の人の許可をもらいましょう。
・SNS などに投稿する場合は、個人の情報がわからないようにしてください。

＜発表の仕方＞

本書にはアクティビティの後に発表をする機会がたくさんあります。発表するときは、スクリプトを読み上げるのではなく、いくつかのキーワードと発表に使える表現を頭に入れて、聞き手を見ながら話しましょう。時間内に発表をするために、リハーサルをしましょう。発表の仕方については、**p.98 の「発表の表現」**で説明しています。参考にしてみてください。

■レシピ集

本書には料理のレシピが６つあります。食べてみたい料理、好きな料理を作って、「食レポ」をするのもいいでしょう。**食レポの表現は p.55** にあります。

Web ダウンロード● For learners

☐ 単語リスト(英語翻訳)・Word List (English translation)
☐ 読み物の英語翻訳・Reading Section's English translation
☐ アクティビティ設問文の英語翻訳・English translation of activity questions
☐ 読み物の音声・Audio
☐ アクティビティのワークシート・Worksheets

DOWNLOADS ⬇

https://www.9640.jp/books_944/

第1章 食べよう和食

Section 1 和食とわたし ★★☆☆

Let's Talk

1. 日本料理を食べたことがありますか。あなたはどんな日本料理が好きですか。それはなぜですか。
2. あなたの国や地域の主食は何ですか（例：パン、ご飯、麺類）。
3. 「一汁三菜」の料理とはどんなものでしょうか。漢字の意味を考えて想像してみてください。

1-1

日本食のブームで、海外に日本食レストランが増えるにつれて、様々な日本料理を海外で食べられるようになりました。わたしの住んでいるニューヨークでも、日本食のレストランが多く、寿司、焼き鳥、天ぷら、ラーメンなど、自分の好みに合った店を選ぶことができます。わたしが特に好きな日本料理は天ぷらで、エビや野菜のカリッとした食感が病みつきになって、近くの日本食レストランによく通っていました。

しかし、わたしの日本料理の好みは、日本でホームステイをしたことで、少し変わりました。ホストファミリーのお母さんによると、和食の基本は「一汁三菜」と呼ばれ、主食のご飯、汁物(スープ)、そして三つのおかずを組み合わせた献立だそうです。ホストファミリーの食卓にはいつも、ご飯、味噌汁、焼き魚、豆腐、野菜の煮物が並び、お母さんが出してくれた和食は、素朴で、栄養のバランスがよく、とてもヘルシーなものでした。ホームステイ中、健康的な料理が多かったおかげで、わたしの体調は日本に行く前よりとてもよくなりました。

ホストファミリーのお母さんは、「自分たちの世代は和食党が多いけど、若い人は、洋食のほうが好き」と言っていました。確かに、息子さんの家でごちそうになった晩ご飯は、ご飯、洋風コンソメスープ、ハンバーグ、ポテトサラダ、お漬物というハイブリッドな（hybrid）一汁三菜でした。そんな和食と洋食などの様々な料理の組み合わせもおもしろいと思いました。

先月、アメリカに戻ってきましたが、健康のためにわたしも家で和食を作ってみようと思います。日本のおかずとアメリカのおかずを組み合わせた一汁三菜にも挑戦してみたいです。

内容確認

1）筆者はニューヨークの日本食レストランで出てくる料理と、ホームステイ中の家庭料理はどう違ったと言っていますか。

2）「一汁三菜」とはどんな意味ですか。本文の例を挙げて説明してください。

3）ホストファミリーの世代間の食生活の違いから、どんなことがわかりますか。

考えよう

1）あなたの家庭では伝統的な料理をどのくらい食べますか。上の世代と比べて、自分の食生活をどう思いますか。

2）筆者が本文で一番伝えたいことは何だと思いますか。

視点を変えて　日本食は全て健康的でしょうか。あなたはどう思いますか。

文法表現

①〜につれて：as~; in proportion to~

1. 開店時間が近くなるにつれて、レストランの外で並ぶ客の数も増えてきた。
2. 年を重ねるにつれて、だんだん体力がなくなってきた。

② N によると：according to N

1. 先生によると、今年は留学生が 10 人来るそうです。
2. ミシュランガイドによると、星つきレストランはパリより東京のほうが多いそうです。

③(〜の)おかげで：thanks to~

1. 小さいときに父が料理を教えてくれたおかげで今では何でも作れる。
2. 留学のおかげで、いろいろな人に会うことができた。

ことばコーナー

「食」の漢字を使って熟語を作りましょう。「食」と下の漢字とを組み合わせると、どんな言葉になりますか。その言葉を使って文を作りましょう。

例：食＋事＝食事　　例文：食事の後にコーヒーを飲みます。

1）道	2）塩	3）少	4）過	5）飲	6）器
7）料	8）費	9）欲	10）品	11）堂	12）(　　　)

アクティビティ① ★★☆

Step 1 日本ではどのような料理が人気なのか、調べましょう。

⇨活動目標：食生活の特徴と多様性を知る

検索ワードの例：日本人、好きな食べ物、ランキング、子ども、年齢、性別

	男	女	高齢者	子ども
1位				
2位				
3位				
4位				
5位				
資料タイトル・サイト名・リンク				

Step 2 上の結果をふまえて、日本で人気の料理は何か、また、どのような和食がどのくらい食べられているのか分析してみましょう。

＜分析の例＞

子どもの間で人気がある料理の１位は○○で、２位は○○で、３位は○○です。
子どもに一番人気がある和食は○○ですが、高齢者に一番人気がある和食は○○です。そして男性と女性を比べると～。それは、～だからだと思います。

＜あなたの分析＞

アクティビティ② ★★☆

日本とあなたの国の料理を組み合わせて、一汁三菜のメニューを考えてみましょう。また、美しさ、味、栄養のバランスなど、工夫したポイントについても話してください。できたら実際に作って、クラスメートと感想を述べ合いましょう。

⇨活動目標：和食の多様性について考える

■日本とあなたの国の料理の組み合わせ

	料理	例
主食（ご飯／パン／麺）		ご飯
一汁（汁物／スープ）		味噌汁
三菜（おかず） 主菜（メインディッシュ） 副菜（サイドディッシュ） 副菜		主菜＝肉とピーマンの炒め 副菜＝豆腐 副菜＝キムチ
写真／イラスト		
工夫したポイント （※美しさ、味のバランス、栄養のバランスなど）		主菜にはタンパク質が多い肉とビタミンがとれる野菜を炒めた。また、主菜と副菜のキムチは味が濃いので、もう一つの副菜に味が薄い豆腐を選んだ。

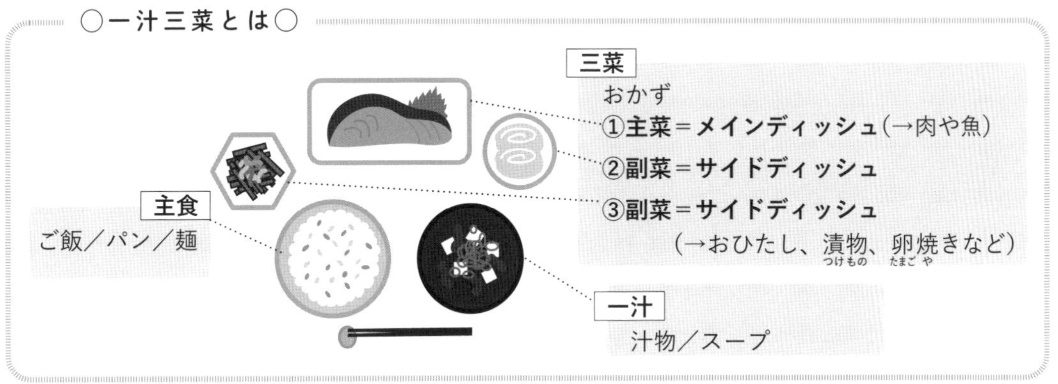

Section 2 | 和食は食卓から姿を消すのか ★★★☆

Let's Talk

1. あなたの国の伝統的な料理を一つ選んで、その魅力を１分で説明してください。
   キーワード：（　　　　）（　　　　）（　　　　）
2.「和食離れ」という言葉からどんなことを想像しますか。

1-2

おせち料理

和食の魅力はいろいろ挙げられるだろうが、農林水産省は次の４点を挙げている。①ヘルシーで栄養バランスがよいこと、②多様で新鮮な食材を用いていること、③料理や食器を通じて自然や季節の変化を楽しめること、④伝統行事と密接な関わりがあることなどである。確かに和食は動物性脂肪分が少なく、魚介類、大豆、野菜が中心でカロリーが低めであり、栄養のバランスがよい。和食によく使われる味噌、しょうゆ、納豆などの発酵食品は健康によいことで知られている。また、日本は北から南まで細長い国であるため、気候や地形によって多様な食材を楽しむことができることも魅力だろう。そして、和食の料理の盛り付け、食器の美しさに魅力を感じる人もいるだろう。加えて、お正月のおせち料理などに代表されるように、伝統的な行事で出される料理には文化的な価値もあると言われている。

和食の文化は、後世に伝えられるべき価値があるものとして、2013年にユネスコ（UNESCO）の無形文化遺産に登録されたが、日本の家庭の食卓からは「和食離れ」が進んでいると言われて久しい。その要因として食の西洋化、家事の効率化などが挙げられる。日本の食の西洋化は、第二次世界大戦後の食料事情が悪い時代に、アメリカからの援助物資として学校の給食用に大量の小麦とミルクが贈られ、パン食が進んでいった。コメの消費が減少し、肉、乳製品、玉子、加工食品の摂取量も増えた。さらに女性の社会進出によって、料理に時間や手間をかけられない人々が増え、ワンプレートで出せる洋風料理が好まれるようになった。

そうはいっても、和食が日本の家庭の食卓から完全に姿を消してしまうわけではない。近年、伝統的な和食のよさを見直し、もっと生活に和食を取り入れようという動きもみられる。簡単に作れる和食レシピも増え、品数を少なくした「一汁一菜」も提案されている。また、和食に、洋風、中華、エスニックなどの味を組み合わせたおもしろいレシピも増えた。たとえば、味噌汁に玉ねぎ、肉、オリーブオイルを加えたものや、納豆をパンやスパゲッティと組み合わせた納豆トースト、納豆スパゲッティなどである。このようなことから、和食は日本の伝統のシンボルであるだけでなく、絶えず変化していることがわかる。

内容確認

1）農林水産省が挙げている和食の特徴とは何ですか。
2）筆者は和食を食べる人が減っている原因は何だと言っていますか。
3）忙しい現代人が和食を生活に取り入れるために、どんなレシピが挙げられていますか。

考えよう

1）本文で挙げられた理由以外に、和食離れにはどんな理由があると思いますか。
2）筆者が本文で一番伝えたいことは何だと思いますか。
3）和食離れ以外の「〜離れ」の現象を挙げてみてください。その理由は何だと思いますか。
また、あなた自身の経験についても述べてください。

視点を変えて 伝統的な料理は、どんどん変化していくべきものだからわざわざ守る必要はない、という考え方もありますが、あなたはどう思いますか。

アクティビティ① ★★★

Worksheets

和食はいろいろな日本の年中行事と結びついています。日本の行事と食の関係について調べてみましょう。

⇨活動目標：年中行事と食の関係について知る・比較する

検索ワードの例：○月、行事、食

	行事の意味と食	例
日本の行事	＿＿＿月 行事：	＿1＿月 行事：お正月
行事のキーワード、食の例	キーワード： 食の例：	キーワード：初もうで、お年玉、家族の団らん 食の例：おせち料理、お雑煮
資料タイトル・サイト名・リンク		“Kirara 日本のお正月、どんなことをするの？” https://kilala.vn/ja/van-hoa-nhat/phong-tuc-don-nam-moi-cua-nguoi-nhat.html（最終アクセス 2023年1月4日）.

アクティビティ② ★★☆

あなたの国の料理で、年中行事と結びついているもの、また、その行事や料理と関係のあるあなたの思い出を簡潔に紹介してみましょう。

⇨活動目標：年中行事と結びついた料理について自分の経験を語る

時期：　　　月	思い出：
行事：	
料理名：	

アクティビティ③ ★★★

「和食離れ」について書かれた記事を調べてまとめてみましょう。記事は日本語でもそれ以外の言語でもよいです。

🔍 検索ワードの例：和食離れ、記事

⇨活動目標：和食離れに関する様々な解釈を知り、考える

	調査	例
記事のタイトル （出版年、新聞・本・サイト名、リンク）		“家庭の和食○○○○,” nippon.com, 2014年2月7日. https://www.xxxx/.（最終アクセス2023年1月4日）
記事の信用度 ☆☆☆☆ 評価の理由		★★★ 大きな新聞社のブログで、筆者のプロフィールが明確で、出版歴もある
キーワード		ワンディッシュ型、食の西洋化 インスタント食品
記事の内容		この記事から食の西洋化とワンディッシュの人気に加えて、便利なインスタント食品の登場が和食離れの理由だということがわかりました。
意見・感想		食の西洋化の理由の一つが、日本の政府の施策だったことも知り、おもしろいと思いました。今後ますます和食離れは進むかもしれないと思いました。

Worksheets

まとめ

この章のテーマや活動から感じたことを書きましょう。1)～3)の全部について書いてもいいですし、一つ選んでもいいです。

1）日本の和食離れの現状についてまとめ、それに対するあなたの考えを書いてください。

2）あなたの国や地域では若者の伝統料理離れが起きていますか。伝統料理の具体例を挙げて分析してください。

3）この章のテーマには「和食離れ」がありますが、あなたの国の伝統料理を守るために、あなた個人にできる身近なレベルでの貢献は何かを具体的に考えて書いてください。

第2章 食と地域の活性化

Section 1 郷土料理の多様性 ★★☆☆☆

Let's Talk

Worksheets

1. 右の地図に当てはまる地域名を選び、知っている地域について話しましょう。

   a. 北海道　b. 沖縄　c. 東北　d. 中部　e. 関東
   f. 中国　g. 近畿　h. 九州　i. 四国

2. 海の近く、山の近くと聞いてどんな食材を想像しますか。

2-1

日本は北から南まで細長く、海に囲まれていて、山が国土の75%を占めています。そのため、様々な地形や気候で育まれたおいしい郷土料理を食べることができます。わたしの最近した旅行の中で、特に印象に残っている料理を紹介します。

去年の冬は北海道で海鮮料理を思う存分楽しみました。レストランに行くと、食べきれないほどのイクラ、ウニ、カニが出てきて、感動しました。北海道は雪がたくさん降っていて寒かったですが、石狩鍋を食べて、心まで暖かくなりました。石狩鍋は北海道の名産品の鮭を使って作る有名な郷土料理です。

それから春休みは、グルメで有名な大阪に行きました。大阪は、昔から商業の中心地で「天下の台所※1」と呼ばれ、全国の食の流通の中心としておいしい食材がたくさん集まったそうです。今でも「食い倒れのまち※2」と言われています。日本一長くて有名な商店街にあるお好み焼き屋で、地元の人が話しかけてきて、大阪の人のやさしさを感じました。

夏休みには長野に行きました。長野は山が多く、夏でも涼しいので、ハイキングを楽しみました。高原を歩いていると、白くてかわいいソバの花が咲き乱れていて、まるでヨーロッパにいるような気持ちになりました。長野の涼しい気候ときれいな水は、そば作りに最適だそうです。美しい山々を見ながら食べたそばの味は格別でした。

秋には、紅葉とグルメを目的に九州の長崎に行きました。長崎には江戸時代に出島という場所があって、そこは日本と外国との接点でした。長崎は、海外からの影響を受けているだけあって、中国由来の餃子や、ちゃんぽんなどの郷土料理があります。わたしが一番気に入ったのはカステラというお菓子で、しっとりしていて、上品な甘さでした。各地の郷土料理を通じて、日本の多様性や歴史を知ることができます。

内容確認

1）日本の地形と郷土料理はどのような関係がありますか。

2）筆者は春・夏・秋・冬にどこに行ってどんなものを食べたと言っていますか。

考えよう

1）あなたが日本で食べてみたいものや行ってみたいところはありますか。それは何ですか。

2）筆者が本文で一番伝えたいことは何だと思いますか。

視点を変えて 旅行先でその地域の人の特色を感じたことがありますか。また、その土地の人のイメージやステレオタイプについて考えてみましょう（例：大阪人、東京人、京都人）。

文法表現

①～きれない : unable to do; too much to finish/complete

1. パーティーのために飲み物をたくさん買ったが、たぶん飲みきれないと思う。
2. 夜空には数えきれないくらいの星が見えた。

②まるで～（の）ようだ : as if; as though; just like ~

1. ずっと笑い続けていたので、まるで子どものころに戻ったようだった。
2. わたしの友だちは、まるで中華料理屋の料理人のように上手にチャーハンを作る。

③～だけあって : because; as expected

1. このレストランはミシュランの三つ星だけあって、料理もサービスも一流だ。
2. 彼女は日本に20年も住んでいただけあって、日本語がとても流暢だ。

ことばコーナー

次のマス目の真ん中に［　　］の中から漢字を選んで入れて４つの二字熟語を作りましょう。

［海　料　地　土］

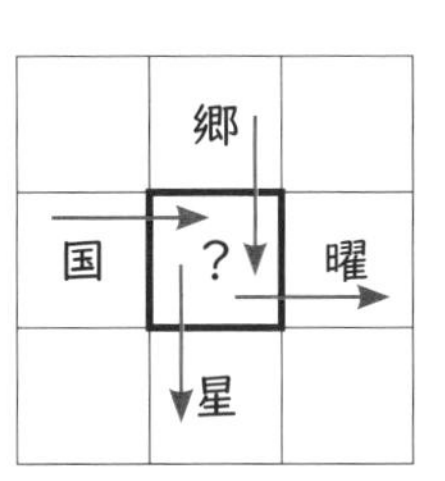

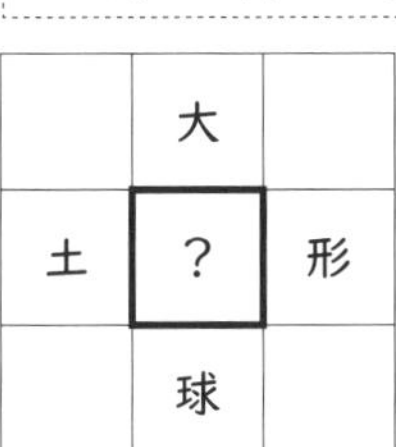

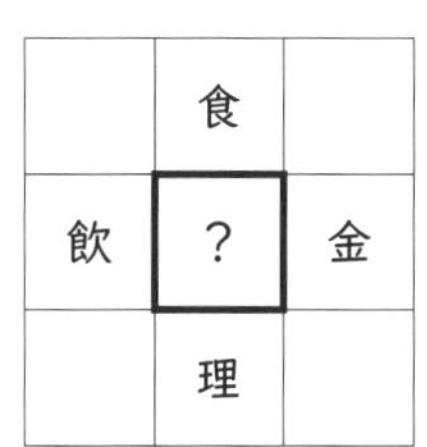

※１　天下の台所：物流・商業の中心地のこと。

※２　食い倒れのまち：おいしいものが多い大阪では、人は飲食にお金をかけすぎてお金を失うという意味。

アクティビティ① ★★☆

Step 1 下の文章を読んで、p.20 の日本地図に地域（県など）と有名な食べ物や郷土料理の名前を書き、グルメマップを作ってみましょう。また、自分の好きな日本のグルメもその地域を調べて記入してみましょう。

⇨活動目標：地域の郷土料理の多様性、地形や気候との関係を知る

福岡県（九州）：福岡県の博多には 100 軒以上の屋台があり、日本一の屋台街で有名です。わたしが立ち寄った「博多ラーメン店」は、麺がストレートでのど越しがよく、白っぽくて濃厚なとんこつスープは、まろやかなコクがあり、一度食べたら忘れられない味でした。

宮城県（東北）：宮城県の南三陸で食べた「ウニ丼」は、口に入れた瞬間、ウニがとろけるほどやわらかく、甘さが口の中に広がります。2011 年の東日本大震災でウニ漁は厳しい状況になりました。でも、今では復興が進んで再び味わえるようになりました。

静岡県（中部）：静岡は日本一の「お茶」の生産地で、温暖な気候と美しい自然から多くの観光客が訪れる場所です。わたしは静岡で「抹茶アイス」にチャレンジしました。抹茶好きにはたまらない、非常に濃厚な味でした。

京都府（近畿）：京都は山々に囲まれた盆地にあることから、野菜作りが盛んで、旬の野菜を使った日常の料理「おばんざい」が有名です。京都は野菜を保存するための工夫として作られた「漬物」の名産地でもあります。

香川県（四国）：四国の香川といえば、「讃岐うどん」が有名です。香川県は「うどん県」と呼ばれ、県民の 9 割が週に 1 回以上うどんを食べるそうです。早朝から営業しているうどん屋さんは珍しくなく、朝ご飯にうどんを食べる人々を見かけます。

Step 2 上の情報を参考に、「地理クイズ」を作ってみましょう。

例：ここでは、白っぽくて濃厚なとんこつスープのラーメンが味わえます。どこでしょうか。

〈答え〉福岡県博多

クイズ：

〈答え〉＿＿＿＿＿＿

アクティビティ② ★★☆

Worksheets

日本各地の食の多様性を知るうえで「駅弁」を楽しむとよいでしょう。「駅弁」は旅行者のために鉄道の駅や車中で売られているお弁当で、その地域の特産品や特色を取り入れたものが多いです。p.20 の地図の中から興味のある場所を選び、その土地の人気の駅弁、ユニークな駅弁、おいしい駅弁を調べてクラスで発表しましょう。

⇨活動目標：駅弁から日本の地域の特産品や食文化の特徴を知る

検索ワードの例：全国、駅弁、ランキング、おいしい

	調査	例
駅弁の名前		松阪名物 黒毛和牛モー太郎弁当
駅／地域の名前		三重県、松阪駅
特徴►1		有名な松阪牛を使った弁当 牛の形のパッケージ 音楽がなる
写真・イラスト		
資料タイトル・サイト名・リンク		"駅弁のあら竹 モー太郎弁当," https://www.ekiben-aratake.com/item/motarou/（最終アクセス 2023 年 3 月 4 日）.

画像提供：駅弁のあら竹

ヒント

►1 地域との関係や食材、包装（パッケージ）などについて書きましょう。

Section 2 食による町おこし ★★★☆

Let's Talk

1. あなたの出身地域は人口が増えていますか、減っていますか。
2. 人口が減少して、経済が縮小している地域に観光客が来ることを想像してください。地域にとってどのようなメリットをもたらすと思いますか。
3. 「フード・ツーリズム（food tourism）」ということばから、どのようなことを想像しますか。

2-2

うどん作り

日本の都市以外の地域では、少子高齢化による人口減少と経済の縮小が進み、町の活気が失われつつある。このため、地域の魅力を掘り起こして、町を元気にすることを目指した「町おこし」が様々なかたちで行われている。

町おこしの一環として、「フード・ツーリズム」が注目されている。「フード・ツーリズム」とは食を楽しむことを目的とした観光を意味し、地域の料理を目当てに来る観光客が増えることは、町の活性化につながっている。たとえば、「讃岐うどん」で有名な四国の香川は、讃岐うどんを楽しむフード・ツーリズムで知られ、「うどんツーリズム」とも呼ばれている。香川では、観光客にうどんだけでなく、町の魅力を知ってもらえるように、町の歴史や文化を学びながら散策し、うどんの食べ歩きをしたり、うどん作りを体験したりするようなツアーも行っている。

地域で愛されている日常食を観光資源として利用し成功した例に、静岡県富士宮市の「富士宮焼きそば」がある。この焼きそばは、もちもちの太い麺に特製のソースをかけた、地元の人々のソウルフードであるが、地域外の人にはあまり知られていなかった。しかし、富士宮の市民グループがこの料理のよさを発信するために、食のイベントを開催したり、旅行社と共同で焼きそばツアーを行ったりするなど、宣伝に努めた。「富士宮焼きそば」は「B-1 グランプリ」というB級グルメ※1の祭典で優勝し注目を浴び、焼きそばを目当てに訪れる日帰り旅行者が増え、地域に大きな経済効果をもたらした。

食を通じた町おこしを考えるうえで、もう一つ大切なことは、地域の人々にその土地の食べ物のことをもっと知ってもらい、地域内で消費する「地産地消」である。地産地消は、輸送のコストがかからず、新鮮なものを食べられるメリットがある。住民が地域の食材を買えるところを増やしたり、学校給食に地域の食材を取り入れたりするといった取り組みは、生産者を応援し、農業、漁業、畜産業の持続的な発展を支えることにつながっている。また、地域の食材は知っていてもどう料理するのかわからない人に向けた料理レシピも発信されている。地産地消の取り組みは、土地で愛されてきた食文化を次の世代に伝えていくうえで役立つだろう。

※1 B級グルメ：安くて、美味しく、地元の人に人気がある庶民的な料理のこと。

内容確認

1）町おこしの一環としてなぜ「フード・ツーリズム」が注目されていますか。

2）「フード・ツーリズム」の例を本文から二つ挙げてください。

3）「地産地消」は、町おこしのためにどのようなメリットがありますか。

考えよう

1）あなたの町や地域ではどのような地産地消の取り組みが行われていますか。

2）筆者が本文で一番伝えたいことは何だと思いますか。

視点を変えて　「フード・ツーリズム」で観光客が増えることは、その地域の環境にどのような影響を与えるでしょうか。

アクティビティ① ★★☆

食を通じた地域の町おこしについて、あなたが日本で興味のある地域や住んでいる地域を例にして、調べてみましょう。

⇨活動目標：食を通じた町おこしの理解を深める

検索ワードの例：食、町おこし、観光

	調査	例
地域名		山梨県富士吉田市
料理名／食材		吉田のうどん
特徴		富士吉田市の日常食。日本一かたいと言われるうどん。
地域との関係		富士吉田市は、機織りをしていた女性の手が荒れないように、また、昼食を作る時間も働けるように、男性が腹持ちがよくてかたいコシのあるうどんを作った。
町おこしの具体的な取り組み		富士山を訪れる観光客に市内に来てもらうために「うどんマップ」を作って配布した。
あなたの評価 ☆☆☆☆☆ と理由		★★★★ うどんを通じて、富士吉田市の歴史も知ることができるのがよい。旅行者が興味を持ち、町に行くかもしれない。
資料タイトル・サイト名・リンク		「日本一硬い!? 富士吉田名物・吉田のうどん特集」（富士吉田市観光ガイド） https://fujiyoshida.net/feature/udon/index

アクティビティ② ★★★

Step 1 あなたの出身の国や地域の「フード・ツーリズム」を企画し、町おこしについて考えてみましょう。

⇨活動目標：自分の出身地の食の魅力の発信を通して町おこしを考える

	企画	例
地域名		テキサス州　○○○○
企画の内容		「BBQ の都テキサス」を町のキャッチフレーズとして、BBQ レストランや町の名所を雑誌やウェブサイトで紹介する。年間を通してテキサスの名物であるロデオ、カントリーミュージックのコンサート、バーベキュー・コンテスト、クリスマス・パレードなど様々なイベントを開催する。
食以外で、観光客に伝えたい町のよさ		・テキサス州で最もきれいな裁判所や最も古い図書館など歴史的な建物を見学できる。 ・町の中心にアンティークショップや高級ビンテージストア、ブティックなどがあり、ショッピングが楽しめる。
効果►1		観光客が集まれば経済効果が期待できる。
SDGs との関連性►2		9、11 町の経済が活性化することにより、雇用が増えて税収も増える。税収によって、町のインフラや、住宅、医療、教育、環境などを良くできるので、町が住みやすくなる。
資料タイトル・サイト名・リンク		“BBQ Capital ○○ Town,” City of ○○ https://www.xxxx.com/（最終アクセス 2023 年 1 月 4 日）.

ヒント

►1　フード・ツーリズムによる町おこしによって考えられる効果を挙げてみましょう。

►2　SDGs の目標（p.8）を参照して考えてみましょう。

まとめ

この章のテーマや活動から感じたことを書きましょう。1) ～ 3) の全部について書いてもいいですし、一つ選んでもいいです。

1）食を通じて日本の地域についてどのようなことがわかりますか。

2）食を通じた町おこしについてまとめ、それを一時的なもので終わらせないために、どのようなことが大切か、あなたの考えを書いてください。

3）「食と地域の活性化」に関して、あなた個人にできる身近なレベルでの貢献は何か考えましょう。日本の状況に関してでも、あなたの国に関してでもよいです。

第3章 食と歴史

Section 1 江戸時代のファストフード ★★☆☆☆

Let's Talk

1. 江戸時代（1603-1869年）は、あなたの国はどんな時代でしたか。たとえば戦争がありましたか。
2. 下の絵から江戸時代のお寿司の食べ方について、どのようなことがわかりますか。現在とどう違いますか。

3-1

『東都名所高輪廿六夜待遊興之図』歌川広重
太田美術館所蔵

日本のファストフードのルーツは江戸時代にあります。江戸は東京の昔の名称で、もともとは湿地帯が多く、人々が住む環境が整っていませんでした。しかし、17世紀に徳川家康が江戸に幕府（政府）を開いたことにより、江戸は政治や文化の中心地として発展し、18世紀には人口は100万人を超えていたと言われます。大きな戦争がほとんどなかった江戸時代には、人々の生活水準が向上し、食事は一日二回から三回へと増え、食に対する関心が高まりました。各地から単身で江戸に移住してきた多くの男性労働者の胃袋を満たすため、屋台や料理屋などの外食産業が発達しました。

江戸の町には、にぎり寿司、天ぷら、うなぎのかば焼き、そば、うどん、甘酒などの屋台が並び、安くて手軽に食べられるため、江戸時代のファストフードと言えるでしょう。料理屋の数も増え、そば屋だけでも3,700を超えるお店がありました。庶民がお酒を立ち飲みできる屋台も現れ、それにともない、外でお酒を飲んだり食事をしたりする習慣が広まりました。また、酒屋で酒を買い、その場で飲めるようになりました。こうしたことが今の居酒屋のルーツだと言われています。

江戸時代の後期になると裕福な商人や武士が楽しむ宴会のできる高級な料亭ができ、お酒や豪華な食事が提供され、芸者を交えて客の接待をするのに使われました。ちなみに、料亭で出されていたお酒を楽しむための会席料理は刺身、焼き物、煮物を基本とした一汁三菜のコース料理で、現在でも宴会や結婚式、旅館の料理などで見ることができます。

内容確認

1）江戸時代にはどうして外食産業が発達しましたか。

2）江戸時代にはどのような屋台がありましたか。

3）居酒屋のルーツはどのようなものですか。

考えよう

1）江戸時代の屋台や高級料亭から当時の社会階層がどのようなものだったか、現代社会と比較してみましょう。

2）筆者が本文で一番伝えたいことは何だと思いますか。

視点を変えて 江戸時代に単身の男性の移住者が多かったのはなぜだと思いますか。

文法表現

①〜として：as~

1. ロンドンで和食のシェフとして20年間働いていた。
2. リサイクル運動の一つとして、ゴミの分別をしている。

②〜にともない：with~

1. 和食離れにともない、家庭料理の洋食化が進んだ。
2. 時代の変化にともなって、人の働き方が変わってきた。

③ちなみに：by the way

1. メロンをもらいました。ちなみに、2万円の夕張メロンです！
2. この辺は便利です。ちなみに、スーパーはここから歩いて3分です。

ことばコーナー

日本で昔から使われている、二つ以上の言葉が合わさった表現を「慣用句」といいます。
a.-e. の食に関する慣用句は、下の例文のどれに使われるでしょうか。

a. 胃袋を満たす　b. 朝飯前　c. 腹八分目　d. 食が細い　e. 胡麻をする

例：多くの男性労働者の（　a　）ために屋台などの外食産業が発達した。

1. 彼はよく上司に（　　）。
2. わたしは（　）ので、ラーメンを全部食べられない。
3. 昨日たくさん勉強したから今日のテストは（　　）だった。
4. 健康のために食事はいつも（　　　）にしている。

アクティビティ① ★★☆

日本料理の店（寿司屋／居酒屋／そば屋／うなぎ屋など）を観察し、現在でも残っている伝統的な要素を探してみましょう。身近な場所に日本料理の店がない場合は、画像や動画を見て分析しましょう。また、その店の料理について歴史を調べてみましょう。

⇨活動目標：日本の伝統を表す要素について知識を深める

検索ワードの例：和食、レストラン、店内

	調査	例
店の名前		Sushi Yamato
場所		カリフォルニア州〇〇〇
観察：伝統的な要素►1		・たたみ、のれん ・お店の人が着物を着ていた 。 ・お水の代わりにお茶がでた。
観察：現代的な要素		・ワインの棚があった。 ・テーブルと椅子 ・J-Pop が流れていた。 ・着物をよく見ると、ファスナーがついていた。 ・のれんは 100 円ショップで同じのれんを見たことがある。
料理の歴史►2		すし屋は江戸時代に屋台として始まった。江戸時代のにぎり寿司はおにぎりぐらいの大きさだった。
資料タイトル・サイト名・リンク		"The History of Sushi," May 13, 2022. https://www.xxxxx.comi/（最終アクセス 2023 年 1 月 4 日）. " すしの歴史 ." https://www.xxxxx.comi/ (最終アクセス 2023 年 1 月 4 日).

ヒント

►1 昔とのつながりを感じさせるものや人、サービスなどを観察してみましょう。

►2 お店や料理の歴史を調べてみましょう。食と歴史との関連性は p.34 の年表を参照してみましょう。

アクティビティ② ★★★

江戸時代の人々（武士、商人、職人、農民、）はどのような食生活だったのでしょうか。調べてみましょう。

⇨活動目標：江戸時代の身分制度と食の関係について理解を深める

検索ワードの例：江戸時代、武士、人口、割合、食事、商人、職人、農民

身分制度	人口の割合	食生活（食べ物や食習慣）
武士		
町人（商人・職人）		
農民		
資料タイトル・サイト名・リンク		

アクティビティ③ ★★★

現代社会の経済格差と食生活の差について考えてみましょう。

⇨活動目標：経済格差と食の関係について考える

検索ワードの例：経済格差、富裕層、年収、貧困

経済格差	食生活の差
富裕層の人々	
平均的な年収の人々	
貧困状態の人	

Section 2 明治時代の和製洋食 ★★★☆

Let's Talk

1. 下の絵には何が描かれていますか。
2. 明治時代の日本の人々は西洋の食べ物に対してどんな印象を持っていたと思いますか。

3-2

仮名垣魯文（野崎文蔵）著『安愚楽鍋：牛店雑談 一名・奴論建』3編 上，下，誠至堂，明 4-5 序．国立国会図書館デジタルコレクション https://dl.ndl.go.jp/pid/882305（参照 2023-01-25）

19 世紀後半に江戸時代が終わり、明治時代になると、社会は文明開化という大きな転換期を迎えた。明治の新政府は、西洋の政治、経済、文化、技術、思想を取り入れたり、産業や生活の基盤となる電話、郵便、鉄道などのインフラ整備を行ったりして、国家の近代化を目指していった。このような西洋化の動きは人々の食生活にも影響を与えた。それまでタブー視されていた肉食も認められるようになり、味噌やネギなどを使い、伝統的な調理法で牛肉を煮込んだ「牛鍋」が都市の裕福な人々の間で流行した。この牛鍋が、現在のすき焼き（しょうゆ、みりん、砂糖などで味付けされた鍋）の原型であると言われている。

当時の人々は西洋の料理や食材になじみがなかったため、口に合わないと感じる人が多かった。また西洋料理の食材を手に入れることも容易ではなかった。このようなことから、次第に日本人の好みに合わせて、西洋料理を日本風にアレンジして調理した「和製洋食」が作られるようになった。今では日本の国民食とも言われているカレーライスや、子どもにも大人にも人気のコロッケやとんかつも、西洋料理に日本風のアレンジを加えた和製洋食である。

カレーは 18 世紀にインドからイギリスへ渡り、明治時代にイギリスから日本に伝えられた料理である。明治時代初期に刊行された料理本『西洋料理指南』（1872）では、西洋料理としてカレーライスが紹介されているが、材料は当時、日本で手に入れることができた長ネギ、エビ、タイ、カエルの肉などが使われていた。さらに明治末期にはカレーと日本の伝統料理を組み合わせた料理として、カレーうどん、カレーそばなども生み出された。スパイシーなカレーと日本のうどんという意外な組み合わせは、今でも愛されており、学校給食では子どもに人気だ。

明治時代は近代国家形成期であったため、人々は西洋文化と共に「西洋料理」と出会い、西洋との比較で日本の伝統とは何か、違いは何かを考えるようになった。そして新しい食文化に興味を持ち、それぞれの魅力を融合させて独自の食文化を発展させていった。国境を越えた食文化の融合は、グローバル化が進む現代社会の現象のように思われるが、実はそうではないのである。歴史を知ることによって、わたしたちは先人の知恵と食のハイブリッドな可能性を知ることができるのだ。

内容確認

1）明治時代の日本社会ではどのような変化が起きましたか。
2）和製洋食とはどのような料理でしょうか。なぜ作られましたか。
3）和製洋食の例としてどのような料理が挙げられていますか。

考えよう

1）本文には西洋との比較で日本の伝統とは何かを意識するようになったと書いてありますが、どういう意味でしょうか。
2）筆者が本文で一番伝えたいことは何だと思いますか。

視点を変えて 本文に書かれていること以外で、食の西洋化が日本社会や人々にもたらした影響にはどのようなことがあると思いますか。

アクティビティ① ★☆☆

Worksheets

「和製洋食」を調べて作り方を説明してみましょう。また、実際にお店で食べるか自分で作って食べてみて、評価をしましょう。

⇨活動目標：食の西洋化について理解する

	和製洋食		例	
料理名			カレーうどん	
和の要素			うどん	
洋の要素			カレー	
作り方			1. 鍋に具、麺つゆ、水を入れ、火が通るまで煮る。 2. 1にカレールーを入れ、溶かす。 3. 大さじ1の水で溶いた片栗粉を混ぜ入れて、とろみをつける。 4. 別の鍋でうどんをゆでて、水をきる。 5. ゆでたうどんを丼に入れ、4. のスープをかけ、お好みで青ネギを入れる。	
評価と理由（☆☆☆☆☆）			★★★ 最初は食べるのがこわかったが、カレーと麺つゆの組み合わせが合っていると思った。	

アクティビティ② ★★★

Step 1 下のリストから料理・食材を一つ選び、歴史を調べてみましょう。

⇨活動目標：料理や食材を通じて日本の歴史を知り、発信できる

寿司　天ぷら　おにぎり　味噌汁　納豆　しょうゆ　日本酒　カステラ
どら焼き　あんパン　牛丼　鍋　箸　その他（　　　）

① 料理・食材	
② 歴史（成り立ちなど）	
③ 現代風のアレンジ、自分との関係	
資料タイトル・サイト名・リンク	

Step 2 Step1で調べた料理・食材の歴史を、下の年表に当てはめて記入しましょう。そして、食と歴史との関係で興味深い点をクラスで話し合いましょう。

世紀／時代区分		食の歴史	料理・食材の歴史
1.3 万年前～	縄文	主に植物採取、狩猟、魚をとって生活。	
紀元前4世紀～3世紀	弥生	米作りが盛んになった。農業のため人が集住し、次第に国家ができる。	
6世紀～	飛鳥・奈良	・仏教が伝わる。中国文化が入る。 ・天皇による肉食禁止令が出される。	
8世紀～	平安	・貴族の時代。貴族は白米、庶民は雑穀（アワやキビなど）を食べた。	
12世紀～	鎌倉	・武士の時代。質素な料理が好まれた。 ・僧侶により精進料理が広まった。	
14世紀～	室町・戦国・安土桃山	・しょうゆ、味噌などの調味料が広まる。 ・茶道が流行。懐石料理が生まれる。 ・ポルトガルやスペインからの物資が入る。	
17世紀～	江戸	・徳川家により江戸幕府が開かれる。江戸の文化が発達する。安定政権。 ・外食産業が発達。	
19世紀～ 20世紀初頭	明治 大正	・西洋化。肉食が広がる。 ・和製洋食が作られる。 ・関東大震災 (1923) で建物倒壊、屋台増加。	
20世紀～現在	昭和 平成 令和	・戦後の焼野原に屋台ができる。 ・パン食増加。米離れ、食の多様化が進む。 ・ヘルシーな和食のよさが見直される。 ・和食がユネスコの無形文化遺産に登録。	

まとめ

この章のテーマや活動から感じたことを書きましょう。1)～3)の全部について書いてもいいですし、一つ選んでもいいです。

1）食を歴史と結びつけて理解することで、当時の社会のどのようなことが見えてくるか、本文の内容以外で挙げてください。（Section1の例：当時の町の様子、社会階層、庶民の生活水準）

2）明治時代の日本社会の急速な西洋化（近代化）の影響を、食を通じて考察してください。

3）明治時代の人々が洋食との比較をすることで、自分達の食文化を意識するようになったとあります。あなたは異文化を体験することで自分の文化を強く意識したことがありますか。文化の違いをどのように受けとめましたか。

第4章 食とグローバル化

Section 1 人類は麵類 ★★☆☆

Let's Talk

1. 世界には様々な麺があります。あなたはどんな麺を知っていますか。どんな麺が好きですか。
2. ラーメンを食べたことがありますか。どこで食べましたか。日本で人気の理由は何だと思いますか。

4-1

麺類は世界中で愛されているグローバルな食べ物です。麺類の中でも、ラーメンは日本人の「国民食」の一つとして、とても人気があります。ラーメン店は日本全国に 20,000 軒以上もあり、人気の店の前には長い列ができ、何時間も待つこともあります。ラーメンのスープには、しょうゆ、味噌、塩、とんこつなど、様々な味があり、麺の食感やトッピングも様々です。数あるお店の中から、自分の好きなラーメン店を見つけるのは楽しくて宝探しのようなものです。

しょうゆラーメン

とんこつラーメン

もともとラーメンは 19 世紀後半ごろ中国から日本に入ってきました。現在のラーメンの原型は 1910 年に東京の浅草にある来々軒という店が作ったとされています。そして、第二次世界大戦後、麺の原料である小麦がアメリカから大量に輸入されると、ラーメンは安くておいしい庶民の食べ物になり、国民食としての地位を確立するようになりました。

ラーメンの人気は海外でも高まっており、今や世界の主な都市では必ずと言ってよいほどラーメン店を見かけます。日本のラーメンが海外に広がった背景には、日本のラーメン店の海外展開と、現地の経営者によるラーメンブームの創出という両方の側面があります。たとえば、一風堂という店は、麺を「すする」という日本の食文化の魅力を前面に出して海外展開を行っています。また、ニューヨークでチェーン店展開をした MOMOFUKU のように、現地の人がはじめたラーメン店が、ラーメンブームに果たした役割も大きいです。中国では面、韓国ではネンミョン、ベトナムではフォー、イタリアではスパゲティーと世界中の人々が麺類を食事に取り入れています。つまり、インスタントラーメンを作った安藤百福が「人類は麺類」と言ったように、ラーメンも世界中の料理関係者を巻き込んでグローバルに愛されていると言えるでしょう。

内容確認

1）筆者は日本でのラーメンの人気についてどのように説明していますか。

2）ラーメンはどこの国から日本に入ってきて、どのように日本に定着しましたか。

3）ラーメンのグローバル化の背景にある二つの要素を説明してください。

考えよう

1）「国民食」の意味を調べ、なぜラーメンが日本の「国民食」の一つになったのか考えましょう。

2）筆者が本文で一番伝えたいことは何だと思いますか。

視点を変えて ラーメンに関する疑問を挙げて、話し合ってみましょう。（例：インスタントラーメンは、ラーメンのグローバル化とどのような関係があるか。）

文法表現

① ～は～(の)ようなものだ：~ is no different than ~

1. ラーメンのスープを飲まないのは、ラーメンを食べていないようなものだ。
2. 人生とはマラソンのようなものだ。

②～ほど：shows the degree of an action or state

1. 昨日のパーティーは食べ放題だったので、動けなくなるほど食べてしまった。
2. ライブで好きなバンドの音楽が聞けて、涙が出るほどうれしかった。

③つまり： in other words; in summary; in short~

1. あの店は大変人気がある。つまり、長く並ばなければいけないということだ。
2. この子は、わたしの弟の娘だ。つまり、わたしの姪っ子だ。

ことばコーナー

11月24日は「いい(＝11)」「に(＝2)ほん、し(＝4)ょく」、つまり「和食の日」です。
次の①～④は何の日でしょうか。A)～D）から選びましょう。

①7月10日（　　　）
②10月2日（　　　）
③8月29日（　　　）
④8月31日（　　　）

A）納豆　B）焼肉　C）豆腐　D）野菜

●皆さんの国にも食べ物の日があれば紹介してください。

アクティビティ① ★★☆

海外展開している日本の飲食店やレストランを選び、グローバル化の戦略がどのようなものかを調べてみましょう（ラーメン店以外でもいいです）。

⇨活動目標：食のグローバル化について考えを深める

検索ワードの例：日本、外食チェーン店、飲食店、海外

	調査	例
店名		一風堂「IPPUDO Central Saint Giles」（ロンドン1号店）
キーワード		・すする食文化 ・ZUZUTTO（ずずっと）
グローバル化の戦略の内容		「一杯のラーメンを、一人のお客さまに」出す姿勢を変えない。独創的な店づくり。「目配り、気配り、心配り」ができるスタッフの育成。“ZUZUTTO（ズズット）”という音で、日本特有の食文化の「すする」喜びを世界中へ発信している。
店の写真・イラスト		
意見・感想 ►1		ラーメンのおいしい食べ方をわかりやすく紹介していると思う。“ZUZUTTO”という言葉がおもしろい。若い人に人気が出ると思う。
資料タイトル・サイト名・リンク		“ラーメン【一風堂】project ZUZUTTO 03.” https://www.ippudo.com/zuzutto/（最終アクセス 2023年1月4日）.

写真提供：（株）力の源ホールディングス

ヒント

►1　グルーバル化の戦略に対するあなたの意見を書きましょう。

アクティビティ② ★★☆

実際にラーメン店に行って、ラーメンの魅力とは何かを分析しましょう。あなたの地域にラーメン店がない場合は、インスタントラーメンの分析でもよいです。

⇨活動目標：ラーメンの魅力を通して食のグローバル化を考える

	調査	例
店名		Top Ramen
場所		ニューヨーク
ラーメンの特徴と魅力		ふつうのとんこつラーメンに加えて、シーフードラーメン、野菜ラーメン、クリームラーメンやスペシャルメニューのロブスターラーメンもある。とんこつスープはクリーミーでコクがある。チャーシューはやわらかくておいしい。
店のサービス、店内の雰囲気、客層		立ちながらカウンターで食べる。イスがなくて最初はおどろいた。店員さんの感じはよいが、飲み物や水はセルフサービス。ラーメンは5分ぐらいで出てきた。店で食べている客はほとんど若い人だった。テイクアウトのラーメンもある。
あなたの国では、どんなラーメン店を出せば人気が出ると思うか。		ふつうのラーメンはカロリーが高いので、ベジタリアンのラーメンやラーメンサラダを出せば人気が出ると思う。

Section 2 スシ・ポリス ★★★☆

Let's Talk

1. あなたの国で寿司屋に行ったことがありますか。そこではどのような寿司を食べましたか。
2. 伝統的な寿司の具材は何か知っていますか。あなたの国ならではの具材がありますか。

4-2

カリフォルニアロール

ドラゴンロール

海外における日本食の注目度が高まる中、それぞれの国や地域で、日本食のローカル化が進んでいる。日本食の代表ともいわれる寿司もその一例で、魚の代わりに、アボカド、カニカマ、キュウリなどを具にした「カリフォルニアロール」は、ローカル化したハイブリッドな巻き寿司である。もとは、ロサンゼルスで、日本人の寿司職人により、のりや生の魚が苦手な地元の人たちのために考案されたといわれている。巻き寿司はほかにも北京ダックを使った北京ロールや、モッツァレラチーズ入りの寿司ロールのように、その国の人々の好む味付けや材料を取り入れ、進化を続けている。

しかし、海外での日本食のローカル化に違和感を持ち、「正しい日本食」を伝えようとする動きもある。日本政府は、2006 年頃から「海外日本食レストラン認証制度」を導入し、日本の伝統的な調理法や食材で作られた店とそうでない店を差別化しようとした。こうした動きは、アメリカの一部のメディアからは「スシ・ポリス※1」と呼ばれ、自由な食べ方を許さない姿勢がバッシングされた。最終的にこの制度は実現に至らなかったが、今も「日本料理の調理技能認定ガイドライン※2」というかたちで「正しい日本食」の推奨を図ろうとしている。このような動きは、自国の食を「正しいもの」として、生産や消費を規定しようとする食のナショナリズムであるという人もいる。

海外には日本のアニメやビデオゲームがきっかけで、日本びいきになった若者が多くいるように、ローカル化した日本料理を体験してから興味を持ち、本場の日本食を目的に訪日する人々も増えている。近年では、パンの代わりにお米を使ったライスバーガーなど、西洋料理から日本風にアレンジされた料理が海外に進出したり、寿司ブリトー（burrito）など海外でユニークに変化した日本食が、日本に逆輸入され話題になったりしている。伝統料理のローカル化を否定する人々は、味やかたちが変わった日本食が、国際交流や日本文化の紹介に貢献していることに気づいていないのかもしれない。スシ・ポリスのような気持ちで海外の日本食の正統性にこだわるより、もっと様々な食の変化を楽しんでもよいのではないだろうか。

※1 日本で製作されたアニメ『SUSHI POLICE（スシポリス）』（2016 TOKYO MX 放送）においても正しい寿司を押し付けようとするスシ・ポリスの姿と世界の料理人の戦いがおもしろく描かれた。http://sushi-police.com/

※2 農林水産省は、平成 28 年 4 月 1 日に「海外における日本料理の調理技能の認定に関するガイドライン」（農林水産省 https://www.maff.go.jp/j/shokusan/syokubun/tyori.html）を定めた。

内容確認

1）ローカル化した料理の例として、本文ではどんな料理を挙げていますか。

2）正しい日本食を伝えようとする日本政府の動きは、アメリカの一部のメディアからどのように受け止められましたか。

3）本文によると、一部の人たちは何が「食のナショナリズム」と言っていますか。

考えよう

1）あなたは本文で書かれている「スシ・ポリス」や「食のナショナリズム」についてどう思いますか。

2）筆者が本文で一番伝えたいことは何だと思いますか。

視点を変えて どこかで自分の国の食べ物を見て、変だと思ったことがありますか。その国の人や他の人がそれがおいしいと思っていることに対して、自分にそれを認めない気持ちがあるとしたら、それはどうしてだと思いますか。

アクティビティ① ★☆☆

Worksheets

寿司にあなたの国の具材を組み合わせた「ハイブリッド寿司」を作ってみましょう。また、選んだ具材と自分の文化的な背景の関係を説明してください。そして、作り方も紹介してみましょう。

⇨**活動目標：寿司のローカル化について理解を深める**

	ハイブリッド寿司	例
寿司の名前		スシ・イタリアン
寿司の具材		生ハム、モッツアレラチーズ、オリーブオイル、寿司ご飯、のり
選んだ具材と自分の文化的な背景		私はイタリア系アメリカ人です。家族や親戚が集まったときは、必ず食卓に生ハム、チーズ、パスタ、オリーブオイルが並ぶので、私のハイブリッド寿司はイタリアの具材を使います。
寿司の作り方の紹介		これは、イタリア産の生ハムとホームメイドのモッツアレラチーズ入りの「スシ・イタリアン」です。寿司ご飯の上に生ハムをしいて、チーズを真ん中にのせて、のりでぐるっと巻きます。食べる前に、オリーブオイルを少したらしてください。

アクティビティ② ★★☆

伝統的な日本食やあなたの出身国や地域の食べ物が、あなたの住んでいる地域の飲食店でどのように出されているのか、実際に店に行って観察してください。そのようなお店がない場合は、インターネットで調べて分析してください。

⇨**活動目標：食のグローバルな変化について考えを深める**

	調査	例
レストランの名前		Ichiban Kabuki
場所		アリゾナ州 ○○○
料理名・内容		ご飯が入っていないロール。 鮭、スパイシー・マヨネーズ、カニカマ、アルファルファを薄く切ったキュウリで巻いたもの。
店の外装・内装		店の外も店内もモダンで伝統的な感じがない。
店員のサービス		感じはよかったが、メニューについてあまりくわしくなかった。
地域に合わせたローカル化や新しいアイディア		寿司のカウンターの代わりにバーのカウンターがあって、バーテンダーがいた。
意見・感想►1		日本人の友だちは食べ物はおいしいが、ここのおすしは本当の日本のすしとぜんぜん違うと言っていた。レストランがメニューや店をローカル化するのは、客を増やすためなので悪くはないと思う。食のグローバル化のおかげで、いろいろな国の料理が食べられるのでよいと思う。
資料タイトル・サイト名・リンク		○○○○. https://www.xxxx.com/ (最終アクセス 2023 年 1 月 5 日).

ヒント

►1　食のグローバル化やローカル化についてなど、思うことを書きましょう。

まとめ

この章のテーマや活動から感じたことを書きましょう。1)～3)の全部について書いてもいいですし、一つ選んでもいいです。

1）食のグローバル化やローカル化にはどのようなメリットとデメリットがあるでしょうか。

2）「食のナショナリズム」についてあなたはどう思いますか。あなたの経験をふまえて意見を書きましょう。

3）食を通じた国際交流として、あなた個人にできる身近なレベルでの貢献は何かをできるだけ具体的に書きましょう。

第 5 章 食とメディア作品

Section 1 食とアニメ・マンガ ★★☆☆☆

Let's Talk

1. 日本のアニメやマンガを見たことがありますか。それはどのような作品ですか。
2. アニメやマンガ作品から、日本の料理や食生活についてどのようなことがわかりますか。

5-1

わたしはアニメがきっかけで日本文化に興味を持ち、日本語を学びはじめました。アニメの中にはたくさんの食の場面が出てきますが、特に印象に残っているのが『クレヨンしんちゃん』の家族の食卓です。しんちゃんの家族がテーブルを囲んで、食事をしている場面はいつも幸福感であふれていて、一人暮らしのわたしを幸せな気分にしてくれました。このアニメを見て以来、わたしは鍋料理、しゃぶしゃぶ、焼肉、カレーライスなど日本の家庭料理を作るようになりました。

もう一つ、わたしの印象に残っているアニメやマンガの食の場面は、学校のお弁当や給食のシーンです。アニメの中でよくお母さんが朝早く起きて、子どもにかわいいお弁当を作ってあげるところから、日本ではお弁当が「母の愛」のシンボルであることを学びました。宮崎駿監督の『となりのトトロ』でも、主人公の少女、サツキが病気の母の代わりに一生懸命愛をこめて作ったお弁当を、家族に渡すシーンがありました。シンプルなかわいいお弁当でした。いつかあのお弁当を作ってみたいです。

『となりのトトロ』© 1988 Studio Ghibli

アニメやマンガの中のお弁当は、中学生、高校生の気持ちや学生生活を知るうえでも役立ちます。あるアニメで女の子が好きな男の子にお弁当を渡して告白する場面では、お弁当のご飯にのりで作ったハートマークが描かれていて、思わず笑顔になりました。好きな人のために、必死で肉じゃが弁当を作る高校生に共感して、わたしもチャレンジしました。わたしのようにアニメやマンガがきっかけで "Bento" に興味を持った人も多いと思います。アニメやマンガの中に出てきた料理やお弁当などを真似して作ってみることで、その物語の世界に少し近づけたような気持ちになるかもしれません。

内容確認

1）筆者を幸せな気分にしてくれたアニメの食卓シーンを説明してください。

2）『となりのトトロ』のお弁当作りのシーンからはどのようなことがわかりますか。

3）本文では、アニメのどんな場面が筆者を笑顔にしてくれましたか。

考えよう

1）メディア作品（アニメやマンガ）の中の世界を再現してみたくなる理由を考えてみましょう。実際に再現したことがありますか。

2）筆者が本文で一番伝えたいことは何だと思いますか。

視点を変えて お弁当が「母の愛」のシンボルだという考え方についてどう思いますか。

文法表現

①～て以来：since ～

1. テレビで見て以来、毎日キャラ弁を作るようになった。
2. 就職して以来、一度も実家に帰っていない。

②～をこめて：filled with ～

1. 毎朝、愛情をこめておにぎりを握っている。
2. 卒業する前に、感謝の気持ちをこめて先生に手紙を書いた。

③～うえで：in order to; for

1. フランス料理を食べるうえで、気をつけなければいけないマナーがある。
2. 漢字を勉強するうえで、自分に合った勉強のやり方を見つけるのは大切だ。

ことばコーナー

「家族の食卓」という言葉から連想する言葉を書いてみましょう。例：会話、幸せ、孤独

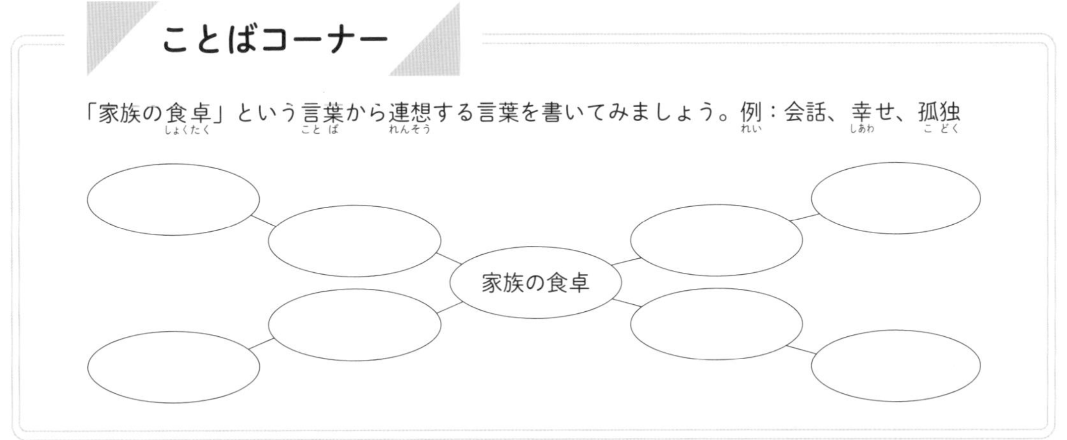

アクティビティ① ★★☆

日本のアニメやマンガで食事をしている場面を見て、その作品と食べ物の関係について分析してみましょう。

⇨活動目標：メディア作品の中の食の意味を考える

検索ワードの例：食べ物、料理、アニメ、マンガ

	調査	例
作品名		『となりのトトロ』
ストーリー		姉妹が、かわいくて不思議な生き物たちと出会い、交流するストーリー。
食べ物		サツキが作るお弁当
食べ物の場面とその意味		サツキの母は入院しているので、サツキが家族のためにお弁当を一生懸命作っている場面がある。主人公の家族に対する愛情が伝わった。
食の会話		【お弁当を渡す場面】 サツキ：だいじょうぶ。みんなのも作るね。 メイ：こげてる！ サツキ：〇〇〇〇〇〇〇 メイ：〇〇〇〇〇〇〇
資料タイトル・サイト名・リンク		「となりのトトロ – スタジオジブリ」STUDIO GHIBLI. [Online Video]. https://www.ghibli.jp/works/totoro/ (最終アクセス 2023 年 1 月 4 日).

アクティビティ② ★☆☆

アニメやマンガに出てくる料理やお弁当を調べて、実際に作ってみましょう。そして写真を撮って、紹介しましょう。また、アニメやマンガの世界を再現することでどんな気持ちになったかも話してください。

⇨**活動目標：メディア作品と食の関係を考える**

	再現した料理／お弁当	例
写真・イラスト		
作品名と再現した料理		『となりのトトロ』 サツキが作ったお弁当
理由		病気のお母さんの代わりにがんばって家族にお弁当を作っている場面を見て作りたくなった。
再現のポイント・工夫した点		色がアニメと同じになるように工夫した。
感想		作って食べてみたら、味は想像した通り、あっさりしていた。妹のメイの気持ちに近づけたように思った。

Section 2 食とドラマ・映画 ★★★☆

Let's Talk

1. 食をテーマ、あるいは食堂、レストランを舞台にしたドラマや映画を知っていますか。
2. 『深夜食堂』『きのう何食べた？』の予告を見てください（動画サイトなど）。食がどのようにストーリーと関係しているか、想像して話してみましょう。

5-2

©2019 安倍夜郎・小学館／「深夜食堂 -Tokyo Stories Season2-」製作委員会

　ここで紹介する三つの映画やドラマには、「人生」や「人間関係」という共通のテーマがある。たとえば、店主と客同士の心のつながりを描いた代表的な作品に『深夜食堂』がある。食堂というからには、だれでも気軽に入れる店であるが、深夜から営業するため、バーのママや、ストリップダンサーやヤクザのような社会の中で周辺化されがちな人たちも店を訪れる。客が食べたい料理をリクエストすれば、店主は基本的に何でも作ってくれる。そして、その料理に対する客の思い入れやエピソードは、その場の人たちに共感され、心の温もりを与えてくれる。この店では、人種、職業、年齢、性別に関わらず、家庭でも職場でもない、特別で心地よい第三の居場所を一人一人の客に提供しているのである。

　『きのう何食べた？』は、ゲイのカップルを主人公とし、彼らの日常生活を描いたマンガ原作のテレビドラマだ。それまであまりテレビでは扱われなかった、新しいタイプの家族のつながりを描いた作品として注目された。ドラマでは毎回おいしそうな料理の作り方を描写し、それを味わいながら食卓で交わされる二人の会話には笑いも涙もある。また、様々な食卓シーンを通して、主人公たちや、周囲の人との関わりが深まっていく。例えば、主人公のシロがパートナーのケンジをはじめて実家に連れていくお正月のエピソードでは、お正月料理を囲みながら、人々が次第に打ち解けていく様子が描かれ、新しい家族のつながりが感じられる。

　ドキュメンタリー映画『二郎は鮨の夢を見る（Jiro Dreams of Sushi）』は、完璧主義の料理人の仕事と人生を描いている。ミシュランの３つ星を獲得した伝説の寿司職人の二郎は、厳しい職人気質と頑固な営業方針を貫き、カウンター10席の店で、時間制を導入し３万円以上の寿司だけを提供してきた。二郎のような料理人は、長く厳しい修行期間を経て一人前になり、多くの客に素晴らしい料理で感動を与えてきた。しかし、こうした職人気質の料理人たちの生き方は、現代の若者の心をつかむことは難しく、和食業界を継承していく料理人の減少を招いたとも言われている。

　このように日本の様々なメディア作品から、食を通した人生や生き方、人間模様が映し出され、あらためて考えるきっかけとなっている。

※「深夜食堂 第五部」（プレミアムエディション）Blu-ray BOX 発売中。
発売元：アミューズ、小学館、MBS　販売元：アミューズソフト　価格：14,300円（税込）

内容確認

1）『深夜食堂』はどのような人が集まる食堂ですか。だれにとっても居心地がよい場所なのは、どうしてでしょうか。

2）『きのう何食べた？』の食の場面からどのようなことがわかりますか。

3）『二郎は鮨の夢を見る』ではどのような料理人の生き方が描かれていますか。

考えよう

1）メディア作品の食の場面を通してどのような人間関係が描けると思いますか。本文で書かれている点とそれ以外の点も考えてみてください。他に知っている作品があれば、例を挙げてください。

2）筆者が本文で一番伝えたいことは何だと思いますか。

視点を変えて 『深夜食堂』のような空間は、ファンタジーであって、現代社会にはないのでしょうか。

アクティビティ① ★★☆

Worksheets

日本の映画やドラマやマンガで、料理や食事、レストランなどが描かれている作品を分析してください（『深夜食堂』『きのう何食べた？』の中から一つのエピソードを選ぶか、それ以外の作品でもいいです）。また、その作品の中の食の場面や食に関する会話を再現してみましょう。

⇨活動目標：メディア作品の中で描かれている食事シーンの意味を考え、登場人物の気持ちを考えながら演じる

作品名	
作品のテーマ	
食の場面とテーマとの関係	
再現するシーンと登場人物	
作品中のセリフ（1～2分程度）	
資料タイトル・サイト名・リンク	

アクティビティ② ★★☆

Worksheets

日本の料理人を描いた映画（『二郎は鮨の夢を見る』かそれ以外でもかまいません）を見て、以下の点を分析しましょう。

⇨活動目標：メディア作品の中で描かれている料理人の姿について考える

作品名	
仕事	
修行の年数	
料理へのこだわりや苦労	
感想	
資料タイトル・サイト名・リンク	

アクティビティ③ ★★☆

Worksheets

あなたの国か外国などで料理人を描いたメディア作品を見て、日本の職人気質と比べてみましょう。

⇨活動目標：メディア作品の中で描かれている職人気質を通じて異文化理解を深める

日本の職人気質	○○の国の職人気質

まとめ

この章のテーマや活動から感じたことを書きましょう。1) ～ 3) の全部について書いてもいいですし、一つ選んでもいいです。

1）メディア作品での「食」を分析することで、日本社会や人間関係についてどのようなことがわかりますか。この章に出てきた作品やあなたが調査した作品を取り上げて、意見を書いてください。

2）家族のかたちを描いたメディア作品を見て、その中で「食」や「食を共にする空間」がどのような役割を果たしているのか書いてください。

3）あなたが食をテーマにしたドラマや映画を作るとしたら、どんな作品を作りますか。そこにはどのような社会的なメッセージをこめたいですか。

第6章 食と家族とジェンダー

Section 1 我が家の味 ★★☆☆☆

Let's Talk

1. あなたが子どものころに好きだった家庭料理は何ですか。それはだれが作っていましたか。
2.「我が家の味」とはどんな意味だと思いますか。

6-1

野菜の煮物

わたしにとっての思い出深い「我が家の味」は、母が毎日のように作ってくれた、しいたけや大根などが入った野菜の煮物です。煮物とは、和食に欠かせない出汁と、しょうゆやみりんなどの調味料で味をつけた汁で、材料を煮る料理です。小学生のころはあまりおいしいと思わなかったのですが、大人になるといつの間にか、そのやさしい味の魅力がわかるようになりました。

日本語には昔から「おふくろの味」という言葉があり、母の味という意味です。この言葉は女性が家事や料理をすることが当たり前とされた時代の名残りと言えるかもしれません。しかし、「おふくろの味」という言葉が今でも使われるからといって、必ずしも料理をする人が母親というわけではありません。家族のかたちが変わっていく中で、家庭での料理の作り手は様々です。

わたしの友人の村上さんは、子どものとき、お父さんと二人暮らしでした。毎晩、仕事を終えて家に帰ってから料理をするお父さんの背中は、とても大きくて、あたたかかったそうです。お父さんの作ってくれた親子丼は、玉子がふんわりとした食感で素朴な味でした。そして、それは彼の大好物で子どもにも伝えたい「我が家の味」だそうです。

中国出身の友人、チンさんの我が家の味は、トマトの玉子炒めです。一緒に暮らしていたおばあさんが作ってくれた料理だそうです。全寮制の学校に入っていたチンさんにとって、休みの日に家に帰って、食卓でトマトの玉子炒めを食べながら、おばあさんと話す時間がとても楽しかったそうです。チンさんは日本に来てからも、さびしいとき、よくその料理を作ります。熱したフライパンにジューンと玉子を入れるとき、おばあさんの顔を思い出すそうです。「我が家の味」とはいつまでも忘れない幸せの味なのです。

内容確認

1）筆者にとっての思い出深い「我が家の味」は何ですか。

2）「我が家の味」「おふくろの味」とはどのような意味ですか。二つはどう違いますか。

3）村上さんにとっての大切な「我が家の味」は何ですか。

考えよう

1）本文に「家族のかたちが変わっていく」とありますが、一人暮らしも増えている現代社会における「我が家の味」とはどのような意味を持つと思いますか。

2）筆者が本文で一番伝えたいことは何だと思いますか。

視点を変えて「おふくろの味」という表現を変えるとしたら、どんな言葉がいいと思いますか。

文法表現

①いつの間にか：before you realize; before one knows

1. 冷蔵庫にあったケーキがいつの間にかなくなっていた。
2. 漢字の練習をしていたら、いつの間にか1時間たっていた。

②〜からといって：just because

1. 日本人だからといって、寿司が好きだとは限らない。
2. 失敗したからといって、落ちこむことはないし、また挑戦できるよ。

③〜わけではない：it doesn't mean that~

1. 社長はワインコレクターだが、ワインならどれでもよいというわけではない。
2. うちの犬は高齢だが、たくさん歩けないわけではない。

ことばコーナー

火を表す部首に、「火」（ひへん）と「灬」（れんが）があります。料理の漢字によく使います。以下の料理を、使われている漢字の部首で分けてみましょう。また、その料理がどのようなものか話しましょう。

a. 焼きそば　b. 玉子炒め　c. 照り焼き　d. とりの煮込み　e. 炊き込みご飯　f. 熟成肉

火（　　　　　　　　）　灬（　　　　　　　　）

アクティビティ① ★☆☆

あなたにとっての「我が家の味」とその思い出を紹介してみましょう。

⇨**活動目標：家庭料理の作り方、家族との食の思い出について語ることができる**

	我が家の味	例
料理名		トマトの玉子炒め
料理の説明・作り方		わたしにとっての我が家の味は、トマトの玉子炒めです。これは中国、特に北京で人気のある家庭料理です。 油を熱したフライパンで、切ったトマトをしっかりと炒めます。そこに、水で溶いた片栗粉と、塩・コショウを入れた溶き玉子を流しこみ、ふんわりと混ぜて炒めます。
家族との思い出		わたしは小学校のときから、全寮制の学校に入っていて、最初のころは特にさびしくて、よく泣いていました。週末や休みでうちに帰るたびに、祖母がトマトの玉子炒めを作ってくれたときは、とても幸せな気持ちになりました。

アクティビティ② ★☆☆

あなたの「我が家の味」を実際に作って、「食レポ」の動画を撮ってみましょう。そして、紹介、または配信してみましょう。

⇨活動目標：料理の見た目、食感、味について聞き手にわかりやすく表現できる

※「食レポ」：食レポ（「レポ」は「レポート」の略）とは、その場で料理を食べて感想を言うことです。
　テレビやSNSで食レポを見たことがありますか。

	食レポ	例
料理名		我が家のチーズ入りポーク・カレーライス
食レポ		これは「我が家のチーズ入りポーク・カレーライス」です。これは薄く切ったポークです。うちのカレーには、このように大きなじゃがいもが入っています。ではひと口食べてみます。じゃがいもはほくほくしています。カレーは甘くてまろやかな味です。カレーに入れたチーズがとろーりとしてよく合いますよ！　くせになる味です！

●食レポの言葉

大きさ	大きい、小さい、手のひらサイズ、ひと口サイズ、（　　　　　）
かたち	四角い、丸い、三角、細長い、～のようなかたち、（　　　　　）
におい	香ばしい、いいにおいがする、ツーンとする、甘いにおい、（　　　　　）
味	甘い、辛い、甘辛い、酸っぱい、苦い、脂っこい、しょっぱい、こってり、あっさり、さっぱり、まろやかな、（　　　　　）
食感	やわらかい、かたい、歯ごたえがある、もちもち、サクサク、ねばねば、ふわふわ、カリカリ、とろーり、ほくほく、シャキシャキ、（　　　　　）
感想	くせになる、幸せ、ほっぺたが落ちそう、やさしい味、サイコー、（　　　　　）

Section 2 「男飯」と「おふくろの味」 ★★★☆

Let's Talk

1.「男飯」「男の料理」と聞いてどんな料理をイメージしますか。それはなぜですか。
2. あなたの国には、男女を区別する言葉や表現にどんなものがありますか（例：俺）。

6-2

「男飯（男メシ）」、「男の料理」をインターネットで検索してみると、ステーキ、丼もの※1、パスタなど、手軽でボリュームのある料理が表示されることに気がつくだろう。男飯の特徴は、単に男性が作る料理というより、「がっつり」「豪快」などの一般的に男性をイメージさせる言葉や、「簡単」のような手間なしの意味で表現され、男の料理を特別視する印象を与えている。

男飯・唐揚げ丼

もともと日本語には「男らしい」や「女らしい」という性別で人を区別する言葉があり、ジェンダーの視点からは、男性または女性にふさわしい役割や行動、活動、立場を意味する社会的に構築された表現だと考えられている。また、「女飯」という言葉はほとんど耳にしないが、「おふくろの味」という言葉は昭和の頃から使われている。これは母を懐かしむポジティブな意味を持つ一方で、家庭の料理は女性の役割とでもいうように、女性と料理のイメージを結びつけ、男女のステレオタイプを作り出しているとも言われている。

近年、日本社会で共働きは一般化したが、「男は仕事」、「女は家事・育児」のような性別による役割分担の意識は、いまだに根強く残っており、主婦がワンオペ(one operation)で家事や育児を抱えこんでいる家庭も少なくない。ある民間調査では、20代から40代の働く主婦が最も苦痛に感じる家事は「料理」で、7割を超える女性が「自分が料理を毎日作らなければならないと思っている」と報告されている。その理由の一つに「親の世代がそうしてきたから」といった回答があり、自分が育った家庭環境の影響を指摘している。

2021年に「お母さん食堂」というあるコンビニのオリジナルブランドのお惣菜の名前に反発した高校生が、名称変更の署名運動を起こし話題になった。結局、目標の署名数には至らなかったが、SNS上では「料理＝母親の役割という昭和の価値観を変えるべきだ」という意見や「温かくて親しみやすい名称だ」などと賛否両論が展開された。少なくともこの出来事は、ジェンダー平等への意識向上に効果をもたらしたことは事実であろう。便利な食材や調理器具が増え、男女を問わずに時短料理※2がしやすくなっている現在、「料理＝女性」という概念を問い直し、料理のジェンダーフリーについて考えることは大切なのではないだろうか。

※1　丼もの：どんぶりに入れたご飯の上におかずをのせて食べる料理。天丼、かつ丼、親子丼など。
※2　時短料理：短い時間でできる簡単な料理。

内容理解

1）「男飯」と「おふくろの味」の特徴を説明してください。
2）「主婦のワンオペ」とはどんな意味ですか。問題点は何ですか。
3）コンビニが考えた「お母さん食堂」という名称に対し、高校生はどんな行動を起こしましたか。また、どのような効果をもたらしましたか。

考えよう

1）あなたは「ジェンダフリー」についてどう思いますか。
2）あなたの国には「おふくろの味」と似た表現がありますか。その意味と理由を考えてみてください。
3）筆者が本文で一番伝えたいことは何だと思いますか。

視点を変えて お惣菜のブランド名「お母さん食堂」について、あなたの意見を述べてください。

アクティビティ① ★★☆

Worksheets

Step 1 日本の家電や食品のCMを調べて、女性と男性の役割のイメージや理想の家族像がどのように描かれているか考えてみましょう。

⇨活動目標：CMの中で描かれている家事（料理を含む）とジェンダーの関係を考える

	CM	例
CMの内容		軽くてゴミ捨てが便利な掃除機のCM
男性と女性の描かれ方		お母さんがリビングで掃除機をかけているとき、お父さんと子どもはソファにすわって遊んでいる。次にお父さんが掃除機をかけているとき、庭でお母さんと子どもが洗濯物をほしている。
感想		このCMは家事は女性も男性も平等だというメッセージがあると思う。
資料タイトル・サイト名・リンク		"〇〇クリーナー CM." https://youtu.be/xxxx（最終アクセス 2023年1月5日）.

Step 2 日本の家電や食品のCMで、1970年代～2000年代のものと現在のものを比べてみましょう。どのようなことがわかりますか。

アクティビティ② ★★☆

男女の家事の分担に関する意識と実態調査をしましょう。あなたの周りで、夫婦、あるいは、パートナーと一緒に生活をしている人に、以下のアンケートをしてください。

⇨活動目標：家事とジェンダーの意識の実態について理解を深める

男女の家事の分担に関する意識と実態調査
性別：　　　　　　　年齢：　　　　　　　国籍：
1．いつも自分が主にやっている家事は何ですか。 □料理　□食器洗い　□掃除機かけ　□風呂掃除　□洗濯　□買い物　□ごみ出し　□その他＿＿＿＿
2．いつもパートナーが主にやっている家事は何ですか。 □料理　□食器洗い　□掃除機かけ　□風呂掃除　□洗濯　□買い物　□ごみ出し　□その他＿＿＿＿
3．パートナーにやってほしい家事は何ですか。 □料理　□食器洗い　□掃除機かけ　□風呂掃除　□洗濯　□買い物　□ごみ出し　□その他＿＿＿＿
4．男女の家事分担の割合は何パーセントぐらいが理想だと思いますか。その割合は現実と一致しますか。 理想：男＿＿＿＿％　女＿＿＿＿％ 現実：男＿＿＿＿％　女＿＿＿＿％
5．その他

アクティビティ③ ★★★

日本における男女の家事の分担に関する意識の記事やデータなどを調べ、アクティビティ②でのアンケート結果と比較してみましょう。

⇨活動目標：家事とジェンダーの意識の実態について理解を深める

🔍 検索ワードの例：男女、家事、分担、記事、アンケート

	調査	例
記事のタイトル		共働き夫婦の家事に関するアンケート調査
データの分析と比較（表・グラフ）		このアンケートによると、全ての家事を負担している女性は全体の 20%、5割以上の負担は 52%で、全体の 70%以上である。私のアンケートでは、80%の人が、家事の分担は「夫 50%：妻 50%」だと言っていた。私の知り合いは家事の分担を平等にしていることがわかった。
意見・感想		日本の女性のほうが負担が多そうだ。家事の分担を平等にするには夫婦 の話し合いが必要だ。
資料タイトル・サイト名・リンク		"家事と共働き ." https://www.xxx.xxx.html. (最終アクセス 2023 年 1 月 5 日).

まとめ

この章のテーマや活動から感じたことを書きましょう。1) ～ 3) の全部について書いてもいいですし、一つ選んでもいいです。

1）家族にはいろいろなかたちがあります。あなたにとっての家族との思い出を、食卓や料理と結びつけて書いてください。

2）あなたの国の食をテーマとした CM を思い出してください。ジェンダーの課題は日本だけのことでしょうか。本文の内容もふまえて食とジェンダーの関わりについて、あなたの意見を書いてください。

3）食とジェンダーの関わりは今後どのように変わっていくでしょうか。2）もふまえて、ジェンダーの課題であなたにできることは何かを書いてください。

第7章 食と教育と格差

Section 1 学校給食の思い出 ★★☆☆

Let's Talk

1. あなたの小学校ではどのような昼食（給食や食堂）でしたか。好きなメニューは何でしたか。
2. 日本には給食があります。給食について知っていることはありますか。

子どものころ、学校の給食の時間が一日の中で一番好きな時間でした。給食の献立の中で特に好きだったのは、炊き込みご飯、カレーうどん、メロンパンで、好きな食べ物が出る日は、朝から給食が待ち遠しかったのを覚えています。

また、給食の時間といえば、「給食当番」の仕事を思い出します。給食当番は、調理員さんが作ってくれた食事を教室まで運び、クラスメートに配ったりする仕事です。手を洗って、給食当番の白衣を着て、テキパキと仕事をしないと昼食が遅くなるので、責任重大でした。私があこがれていた子は、焼きそばが好きだったので、その子が来ると、ちょっと多めに焼きそばをお皿によそったことも今は懐かしい思い出です。

このほかにも、学校給食を通じて学んだことは、好き嫌いをせずバランスよく食べること、そして、食べ物をむだにしない気持ちです。私の学校では給食のあとに、子どもたちがお皿を洗って返したり、牛乳パックを洗い流してリサイクルをしたりしていたので、食べ残しのゴミをなるべく出さないことが大切だと学びました。ただ、先生から完食することを厳しく指導されていたので、無理に食べることで苦しい思いをしたこともありました。現在は先生たちが昔よりは子どもの多様性に配慮してくれます。たとえば、ある学校では、苦手な食べ物の量を少なくしてもらったり、食べられない場合は残したりしても注意されないそうです。

給食を通じた教育（食育）は、日本の学校教育において重要な位置づけにあります。小学校の99%、中学校の89%が給食を出し、子どもたちの健康を支えています（文部科学省 2019年）。

内容確認

1）筆者が好きだった給食のメニューは何ですか。
2）給食当番はどんなことをしますか。
3）日本の小中学校の何％ぐらいが給食を提供していますか。

考えよう

1）学校給食のメリットとデメリットについて考えてください。
2）筆者が本文で一番伝えたいことは何だと思いますか。

視点を変えて 日本の学校では、給食を通じた教育「食育」を重視していますが、このような考え方は本当によいことでしょうか。あなたの国で日本のような食育ができると思いますか。

文法表現

①～を通じて：through; via; throughout; by

1. ワインを通じて、世界史を学ぶこともできる。
2. ボランティアを通じて、助け合うことの楽しさを知った。

②ただ / ただし：but; however; provided that

1. 都市の生活は便利で楽しい。ただ、少しにぎやかすぎるかもしれない。
2. このお菓子は３割引だ。ただし、賞味期限が近いのですぐ食べたほうがいい。

③～において：in~; at (place); regarding~; as for~; in relation to~

1. おかし作りにおいて重要なポイントは、材料の分量を間違えないことだ。
2. 卒業式は体育館において行われる予定だ。

ことばコーナー

給食の「給」の部首は「糸」（いとへん）です。糸へんは、糸の部分を指します。関係をつないだり、絶ったりする意味の漢字に使われています。以下の漢字で言葉を作って、例文を作りましょう。

例：給→給食　　例文：私が好きな給食はカレーライスです。

A）続→　　B）結→　　C）組→　　D）終→　　E）絶→

例文：＿＿＿＿＿＿＿＿＿＿＿＿＿＿＿＿＿＿＿＿

Worksheets

アクティビティ① ★★☆

日本の小学校の給食の献立と食育の取り組みについて調べましょう。そして、あなたの小学校時代の昼食と比較して、栄養のバランスやランチタイムを通じた食育について考えてみましょう。

⇨活動目標：給食についての実例を通じて考え、自分の状況と比較できるようになる

検索ワードの例：小学校、給食、献立、メニュー、食育

	日本の小学校の給食	あなたの小学校の昼食	例
学校名			くろしお小学校
昼食のタイプ （給食／学校の食堂／学校の購買／弁当など）			給食
献立例			牛乳 コッペパン カレーうどん キャベツと鶏肉の炒め物 みかん
食育の取り組み►1			食事のマナー 何でも食べること 栄養のバランス
意見・感想			日本の小学校のメニューはとてもおいしそうです。アメリカの小学校では食育をしません。アメリカの小学校でも食事のマナーを教えたほうがいいと思います。
資料タイトル・サイト名・リンク			"〇〇市学校給食における食育," https://www.city.xxxx.html（最終アクセス 2023年1月4日）.

ヒント

►1　昼食を通して子どもに教えたいことなどを書きましょう。

アクティビティ② ★★☆

日本では給食の中に、その地域の食材や伝統料理がどのように取り入れられているか調べてみましょう。

⇨**活動目標：学校給食と地域との関わりについて理解を深める**

検索ワードの例：学校、給食、献立、地域、地産地消

▶参考資料：農林水産省の地産地消給食等メニューコンテスト
https://www.maff.go.jp/tohoku/seisan/tisantisyou/pdf/chisanmenu-2016.pdf

	調査	例
学校名、場所		熊本県　さざなみ保育園
事例		献立：くまさんの人吉物語（きびおにぎり、チキンソテー梨ソース、きくらげとキャベツのサラダ、さざなみ収穫スープ、牛乳かん） この保育園では、地域の特産品のきくらげや梨を取り入れたり、酪農家の牛乳を使った料理を提供している。食育活動は、自然物としての食材の変化、おいしい食べ方、食のしくみなどの視点をもとに取り組んでいる。
意見・感想		保育園から地域の特産品を使って食育をしていることはとてもいいことだと思います。
資料タイトル・サイト名・リンク		"第9回地産地消給食等メニューコンテスト(農林水産省)," https://www.maff.go.jp/tohoku/seisan/tisantisyou/pdf/chisanmenu-2016.pdf（最終アクセス 2023年1月4日）.

Section 2 | こども食堂と地域のつながり ★★★☆

Let's Talk

1.「こども食堂」と聞いてどのような食堂（レストラン）を想像しますか。
2. あなたの国には「こども食堂」のような施設がありますか。

7-2

「こども食堂」とは、ボランティア、自治体、NPO 法人などが、地域の子どもたちに無料または安価で栄養のある食事や、温かな団らんを提供するコミュニティーの取り組みである。2012 年に東京ではじまり、2021 年には全国で 6,000 か所以上にのぼるほど、急激に全国に広がっている。

このようなこども食堂の増加は、1990 年代のバブル経済崩壊、2000 年代のリーマンショックの二大不況に加え、2020 年の新型コロナウィルスの感染拡大など、近年の日本の社会や経済の不安定さと家族形態の変化に起因している。家庭の収入の減少による子どもの相対的な貧困率は年々上昇し、現在、子どものおよそ 7 人に 1 人は貧困状態にある。特に一人親家庭の貧困率は 48% と高い水準にある（厚生労働省 2019 年）。

家庭の困窮は、子どもたちの食生活に深刻な影響を与えており、「孤食」という状況も生み出している。「孤食」とは一人でとる孤独な食事を意味し、家族とのコミュニケーション不足により、食事に対する憂鬱感が増したり、社会性の欠如の原因になったりすると言われている。こども食堂ができた背景には、このような子どもの食の問題がある。

こども食堂第一号は、家庭の事情で満足に食事ができない子どものために、ある八百屋の店主により開設された。このこども食堂では、子どもは、5 円、10 円、50 円、あるいは外国のコインやゲームのコインでもおいしい食事ができる。食事を無料にしない理由について、運営関係者は「わたしは子どもたちに、慈善行為を受けていると思ってほしくありません。自分でお金を払うということで、自尊心を保ってほしいと思っています」と言っている。一方で、無料で食事を提供しているこども食堂も多くある。

こども食堂は、ただ単に安くておいしいものだけを提供する場ではない。最近では、子どものみならず、高齢者、障がい者、生活が厳しい大人など、だれでも立ち寄って楽しく食事ができる場所になっている。みんなで一緒に食事をすることで、子どもたちに様々な学びを経験させながら成長の支援ができる場であり、人との出会いとコミュニケーションの場でもある。近所の人とのつながりが薄れている時代において、こども食堂は地域の人々をつなぐ場所として大切な役割を担っている。

内容確認

1）「こども食堂」とはどんな食堂ですか。全国にどのくらいありますか。

2）「こども食堂」の増加にはどのような社会的背景がありますか。

3）「孤食」とはどんな状態で、子どもにどのような影響がありますか。

考えよう

1）こども食堂は無料と有料とどちらの方がよいと思いますか。それはなぜですか。

2）本文では子どもの「孤食」の問題に触れていますが、大人の「孤食」についても考えてみましょう。一人の食事を楽しむ人もたくさんいますが、大人の孤食の注意点は何だと思いますか。どうすればよいか、具体的な状況を挙げて話し合ってください。

3）筆者が本文で一番伝えたいことは何だと思いますか。

視点を変えて こども食堂にはどのような課題があると思いますか。あなたの国や地域でこども食堂を始めるとしたら、どんな妨げがあるでしょうか。

アクティビティ① ★★☆

世界の国の子どもの貧困率を調べてみましょう。そして、日本とあなたの国の子どもの貧困率を比較してください。

⇨活動目標：子どもの貧困率の実態を知り、対策を考える

検索ワードの例：貧困率、ランキング、世界、対策

	日本の子ども	あなたの国の子ども
貧困率の順位		
その原因		
子どもの貧困率を減らすための取り組みや対策 ① すでに行われている対策 ② 他にできること	① ②	① ②
あなたが個人的にできること		
資料タイトル・サイト名・リンク		

アクティビティ② ★★☆

こども食堂には子どもだけを対象としない食堂など様々なかたちがあります。例を調べて、クラスメートの結果と比較してみましょう。

⇨活動目標：こども食堂の取り組みを理解する

検索ワードの例：こども食堂、NPO、事例

	調査	例
こども食堂の名前		○○こども食堂
運営者		○○こども食堂ネットワーク
対象者		地域の小学生以下の子どもとその保護者
活動内容		毎週金曜日 15:00~20:00 利用料金：子ども（幼児～小学生）無料、 おとな 500 円（食費寄付） 地域の高校生や大学生が、小学生に無料で学習支援をしている。
メニュー例		唐揚げ、きんぴらごぼう、トマトとレタスのサラダ、ご飯、わかめスープ
意見・感想		ここのこども食堂は小学生までなので、なぜ中学生以上は対象じゃないのか聞いてみたい。メニューは栄養のバランスを考えていてよいと思うが、フルーツやスイーツが合ったほうがもっといいと思う。勉強の手伝いをしてもらえることもよいことだと思う。
資料タイトル・サイト名・リンク		“○○市子ども食堂,” https://.city.xxxx.html（最終アクセス 2023 年 1 月 4 日）.

まとめ

この章のテーマや活動から感じたことを書きましょう。1) ～ 3) の全部について書いてもいいですし、一つ選んでもいいです。

1）あなたの学校給食や School lunch で、好きだったあるいは嫌いだった献立、楽しかったこと、楽しくなかった思い出、感じたことなどについて書いてください。

2）あなたの国やコミュニティーには、子どもや経済的に困窮している人たちのためにどのようなボランティア活動がありますか。自分の経験や自分ができることについて書いてください。

3）食育や食の格差などの課題に関して、あなた個人にできる身近なレベルでの貢献は何か考えましょう。

第8章 食と健康

Section 1 長寿と発酵食品 ★★☆☆

Let's Talk

1.「健康的」と言われている食べ物にはどのようなものがありますか。また、それはなぜ健康的ですか。
2. あなたはどのような発酵食品（fermented food）を知っていますか。（例：ヨーグルト）

8-1

『世界人口白書 2022』（State of World Population 2022）によると、日本人の平均寿命は女性が88歳、男性が82歳と、男女とも世界第1位で、長寿だということがわかります。その長寿の秘訣は、ヘルシーな和食ではないかと考えられています。健康的と言われる和食に欠かせない調味料には、しょうゆ、味噌、酢などがあり、それらは全て発酵食品です。発酵食品は目には見えない微生物たちの働きによって作られます。

もう一つ和食を作るのに大切な発酵食品は、かつおぶしです。干したカツオを発酵させて作ったかつおぶしからは、和食に欠かせない出汁がとれます。発酵によってカツオの油脂が分解されているため、出汁には西洋料理のスープストックのような脂肪分がありません。さらに、甘味、塩味、酸味、苦味に加え、第五の味覚とされている「うま味」が含まれています。日本料理がヘルシーでおいしいのは、この出汁のおかげだといわれています。

かつおぶし

豆腐入り納豆汁

日本人がよく食べる発酵食品に納豆があります。納豆の原料である大豆には、多くのたんぱく質が含まれています。そのタンパク質豊富な大豆が原料の味噌を使った味噌汁に納豆を入れると健康的な納豆汁ができます。そこに豆腐を加えるとタンパク質はさらに豊富になり、野菜を加えることでたんぱく質だけでなくビタミンも摂ることができます。また、納豆は腸内の免疫力を高める効果もあると言われています。納豆は匂いが苦手という人もいますが、タンパク質（プロテイン）が豊富で健康的な食べ物です。発酵食品好きの友人は納豆汁のことを「スーパー・プロテイン・ヘルシー・デリシャス・スープ」と呼んでいます。

内容確認

1）本文では日本人の長寿の理由として何を挙げていますか。

2）かつおぶしを使った出汁は、なぜ和食に重要なのでしょうか。

3）筆者の友人は納豆汁をなぜ「スーパー・プロテイン・ヘルシー・デリシャス・スープ」と呼んでいますか。

考えよう

1）長寿の国に比べて平均寿命が短い国があります。その原因は何だと思いますか。

2）筆者が本文で一番伝えたいことは何だと思いますか。

視点を変えて 日本人はみんな健康的な食品を食べているのでしょうか。

文法表現

①〜ではないか：I think it might be the case that（＝〜んじゃない？ ※口語表現）

1. 毎日、赤ワインを飲むことは健康によいのではないか。
2. 「田中さん、5分たってもまだ来ないけど、約束を忘れているんじゃない？」

②〜欠かせない：indispensable; essential

1. 七味はそばやうどんを食べるのに欠かせない。
2. 携帯電話は現代の生活に欠かせない。

③〜だけでなく〜も：not only ~ but also ~

1. 日本の回転寿司には寿司だけでなくデザートもある。
2. この大学ではスペイン語が学べるだけでなく、ラテン語も勉強できる。

ことばコーナー

味の基本は「甘味」「塩味」「酸味」「苦味」「うま味」の五つです。下の文章に味の言葉を一つ選んで入れてください。

① この料理はお酢がたっぷり入っているので（　　　）が強い。
② このスパゲッティーはベーコンの（　　　）がきいている。
③ 和食の特色は、昆布やカツオで出す（　　　）だ。
④ コーヒーは酸味のあるものより、（　　　）のあるもののほうが好きだ。
⑤ このケーキは砂糖が多くて（　　　）が強い。

アクティビティ① ★★☆

日本とあなたの国の平均寿命を調べ、食生活との関係を比べてみましょう。

⇨活動目標：食と長寿の関係を考える

検索ワードの例：平均寿命、食生活、世界、長寿、食品

	日本	あなたの国
平均寿命	男（　　　　）女（　　　　）	男（　　　　）女（　　　　）
食べると長生きすると言われている食品とその理由	食品 理由	食品 理由
おすすめの料理とその栄養価►1	料理 栄養価	料理 栄養価
意見・感想		
資料タイトル・サイト名・リンク		

ヒント

►1　栄養価については、タンパク質やビタミンが多いかなど調べてみましょう。

アクティビティ② ★★☆

日本ではたくさんの「健康食品」が一大産業となっています。健康食品の広告を調べてどのようなものがあるか、だれをターゲットにしているか、また、広告にはどのような表現が使われているか調べてみましょう。そして、問題点があれば指摘しましょう。

⇨活動目標：市販の健康食品について考える

検索ワードの例：健康食品、サプリメント、長寿

	健康食品の広告	例
商品名と会社名		健康コンブ茶、〇〇薬品
商品の特色		おなかの調子を整える、食後の中性脂肪の上昇をおだやかにする
ターゲット		若い女性（20 ~ 30 代）
価格		3,500 円
広告の表現►1		今アメリカで「KONBUCYA」と呼ばれ話題を集めている！
使用上の注意点		・一日の摂取目安を守らなければならない ・原材料を見てアレルギーに気をつけなければならない
問題点►2		お水で割っただけでは甘すぎて飲めない。糖質が高いので飲みすぎはダイエットによくない。
意見・感想		この商品を飲んだだけではあまり健康の効果はなさそうです。コンブ茶だけではなく健康食品は生活を改善すれば効果があると思う。
資料タイトル・サイト名・リンク		"〇〇ヘルスショップ," htpps://xxxhealth.com（最終アクセス 2023 年 1 月 4 日）.

ヒント

►1 商品をアピールするために使われている日本語の表現を書きましょう。
►2 「商品名」「問題点」「口コミ」で検索してみましょう。

Section 2 新しい食の形：もどき料理 ★★★☆

Let's Talk

1. 大豆の加工食品にはどんなものがあるか知っていますか。それは何ですか。
2. 「大豆ミート（ソイミート）」を食べたことがありますか。肉と比べてどうですか。

8-2

精進料理

大豆ミートのハンバーガー

和食が健康によいのは、発酵食品とともに植物性由来のたんぱく質を含んだ食品を豊富に取り入れているからだと言われている。そして、和食には仏教の僧侶が修行中に食す「精進料理」がある。精進料理は、肉や魚を使わずに野菜や豆、穀類を工夫して調理する植物性の高たんぱく質、低カロリー料理である。精進料理は、肉や魚に見た目や食感を似せて作っていることから「もどき料理」とも呼ばれ、最近では健康志向の人たちの間でも関心を集めている。

「もどき料理」の「もどき」とは、ほかのものに似せるという意味を持つことから、大豆を加工した「大豆ミート」は、肉に見せかけた「もどき肉」と言える。大豆は、昔から加工食品や料理として日本人の食生活に欠かせない食べ物だったが、大豆ミートは肉の代替食品として 1920 年代にアメリカで開発された。そして、ベジタリアンやビーガンを対象に欧米で市場を広め、日本でも販売されるようになった。

今や日本のスーパーやコンビニでは、きれいにパッケージされた大豆ミートのハンバーグやソーセージなどが陳列され、ファストフードチェーン店でも、健康的でおいしい食品として、大豆バーガーや大豆チキンナゲットが注目されるようになった。大豆ミートを使ったレシピも、インターネットや料理本を通じて広まっている。大豆ミートは家畜を育てる必要がないため、牛肉などに比べ環境にやさしい食品と言われ、最新のテクノロジーを利用して新しい食品や調理法を開発する「フードテック（food tech）」の一例にもなっている。最近ではフードテックを活用して、「完全食（perfect foods）」という全ての栄養素を備えたパスタやパンなどの開発も進んでいる。現在グローバルに展開されているフードテックは、SDGs に関わる社会課題解決や、昆虫などの新食材を使った食品の生産にも取り組んでいる。また、食の生産、流通、調理までのプロセスに関わるため、食料不足や食品ロスの解決策として期待され、将来的には人類の生き方を左右するとも予想されている。

一方で、大豆ミートは加工食品であるため、肉の食感の維持や保存のために添加物が含まれている。また、種類によっては塩分が高く高カロリーであったり、遺伝子組み換えの大豆が使用されている場合もある。そのため、代替肉イコール健康的な食品と言えるかどうかは、消費者として注意する必要があるだろう。

内容確認

1)「精進料理」とはどのような料理ですか。
2)「もどき料理」の「もどき」とはどんな意味ですか。
3)「大豆ミート」は日本でどの程度普及していますか。
4)「フードテック」のメリットとデメリットは何ですか。

考えよう

1) 家畜の飼育は環境にどのような影響を与えると思いますか。
2) 筆者が本文で一番伝えたいことは何だと思いますか。

視点を変えて「フードテック」を活用すると、この先どのようなことが可能になると思いますか。

Worksheets

アクティビティ① ★★☆

あなたの国の大豆ミートを使った食品を調べてみましょう。

⇨活動目標：代替食品の実例を知る

	大豆ミートの食品	例
食品名		ゼロミートハム
主な原材料		大豆、植物油脂、トマト色素
特徴		素材に肉を使用しないで大豆を使ってハムを作っている
使い方／レシピ		サンドイッチやサラダに最適
注意点		大豆を使用しているので大豆アレルギーがある人は注意が必要
評価 ☆☆☆☆☆		★★★★ カロリーが低くて、見た目も普通のハムと変わらない、健康によさそう。
資料タイトル・サイト名・リンク		"ゼロミート ハムタイプ｜製品情報，" 大塚食品．https://www.otsukafoods.co.jp/product/zeromeat_ham/（最終アクセス 2023年1月4日）.

アクティビティ② ★★☆

あなたの好きな健康によくない食べ物を二つ選び、健康的なメニューに変えてみましょう。

⇨活動目標：ヘルシーな食生活を考える

	メニュー	健康的にする工夫
例	とんかつ	・ロース肉ではなく大豆ミートを使う ・健康によい油を使う ・とんかつソースの代わりにレモン汁やからしで食べる
1		
2		

アクティビティ③ ★★★

フードテックの事例を調べて、SDGsにどのように貢献できるか考えてみましょう。

⇨活動目標：フードテックの意義と課題を理解する

検索ワードの例：フードテック、 事例、企業

	調査	例
事例／企業名		○○フィッシュテック
内容		産地直送の魚屋で、当日に産地の魚の水揚げ量がデータベースですぐにわかる。そのため、アプリを通じて飲食店や個人ユーザーはその日に食べる新鮮な魚をすぐに注文できる。
SDGsへの貢献►1		ITでサプライとニーズが直結されているため、食品ロスを削減することができる。
資料タイトル・サイト名・リンク		“FoodTech メディア ○○フィッシュテック ,” htpps://xxxfoodtech.com.（最終アクセス 2023 年 1 月 4 日）.

►1　SDGsの目標（p.8）を参照して考えてみましょう。（食品ロス、食の安全性など）

まとめ

この章のテーマや活動から感じたことを書きましょう。1) ～ 3) の全部について書いてもいいですし、一つ選んでもいいです。

1）あなたやあなたの家族が日頃食べているものと健康について考えながら、あなたの食生活とあなたの国の平均寿命との関係について書いてください。

2）あなたが日頃感じる食に関する身近な社会課題と、フードテックの可能性について書いてください。

3）この章を通じて感じた社会の課題は何ですか。あなたやあなたの周りの人が健康的な食生活を送るために、あなた個人にできる身近なレベルでの貢献は何かをできるだけ具体的に書いてください。

第 9 章 食と労働

Section 1 変化するコンビニと外国人アルバイト ★★☆☆☆

Let's Talk

1. あなたはよくコンビニを利用しますか。コンビニの商品で好きなものがありますか。
2. 日本のコンビニについてどんなことを知っていますか。

 9-1

日本のコンビニ（コンビニエンスストアの略称）といえば、昔は独身男性が雑誌を立ち読みしたり、おにぎりやスナックを買いに行ったりするところというイメージがありましたが、今では学生や高齢者、主婦など、幅広い層の客に利用されています。その理由としては、手軽に買えておいしい弁当、サラダ、サンドイッチのほかに、温かい唐揚げ、コロッケなど、すぐに食卓に出せる惣菜が充実しているからです。また、近年コンビニ各社は独自のスイーツ開発にも力を入れていて、和菓子、ケーキ、プリンなど、おいしそうでおしゃれなパッケージの商品をそろえ、女性客の獲得にも成功しました。コンビニさえあれば生活ができる時代になってきたという人もいるほどです。

コンビニで働く人も多様化しています。昔は日本人のアルバイトが大半でしたが、深刻な人手不足のため、外国人のスタッフが増えました。家の近所のコンビニではネパール出身のスタッフが、いつもやさしい笑顔で迎えてくれます。この店員さんを見かけるようになって1年ぐらいになります。最初はお客さんの質問に答えるたびに苦労していましたが、最近ではすっかり慣れて、コンビニのスタッフの中心的な存在になっています。

先日、あるお客さんがこのコンビニのサービスに苦情を言ったとき、彼女は落ち着いて、相手の目を見て、しっかりした日本語で答えていました。彼女の対応に感心したお客さんが、「あんた、日本語うまいし、仕事もできるね」と言うと、彼女はニッコリして「お客さんたちに鍛えられました」と答えていました。

外国人のスタッフがコンビニで働くとき、言葉の壁や働き方の違いなど、大変なこともたくさんあるのでしょう。しかし、彼女の対応からは、信頼される存在になったことへの自信と輝きを感じました。

内容確認

1）筆者はコンビニはなぜ便利だと言っていますか。
2）本文では、コンビニの変化についてどのように説明していますか。
3）筆者は近所のコンビニの外国人スタッフに対してどのように感じていますか。

考えよう

1）コンビニの便利さ（多様な品ぞろえ、サービス精神、長時間営業など）は、そこで働く労働者にどのような影響があると思いますか。あなたはコンビニで働いてみたいですか。
2）筆者が本文で一番伝えたいことは何だと思いますか。

視点を変えて 日本では労働力不足のため、外国人労働者の受け入れが進められていますが、外国人労働者や受け入れに対して好意的ではない意見について、どう思いますか。

文法表現

②～といえば：speaking of ~

1. 秋といえば、さんまが食べたくなる季節だ。
2. 難しい外国語といえば、アラビア語やタイ語が挙げられる。

①～さえ～ば：if only

1. 調味料は塩とコショウとしょうゆさえあれば、だいたいの料理はできる。
2. 漢字の勉強さえすれば、今日はゲームをしてもいい。

③～たびに：each time; every time; whenever

1. 野菜の通販を利用しはじめた。野菜が届くたびに、おまけが入っていてうれしい。
2. 海外旅行するたびに、思い出の写真が増える。

ことばコーナー

本文にあるカタカナの言葉を以下のカテゴリーに分類してください。さらに、あなたの知っているカタカナの言葉を①～②に二つずつ加えてください。

① 食べ物のカタカナの言葉	② 仕事に関係するカタカナの言葉

アクティビティ① ★★☆

Step 1 あなたの国のコンビニの人気商品、または力を入れている商品は何ですか。その理由や店の印象など、実際に行って調べてみましょう。

⇨活動目標：コンビニの商品の特色や地域とのつながりについて理解を深める

	コンビニの調査	例
店の名前		コーナーショップ（Corner Shop）
場所		ワシントン州〇〇
人気の商品、力を入れている商品など►1		力を入れている商品は、ロッタリーチケット、ビールとワイン、タバコ
理由►2		一番売り上げがいいから。中年層の客が一番多いから。
従業員の態度、店の印象、労働環境		店内はあまりきれいじゃない。店員は笑顔でよい印象だった。あまり忙しくなさそうなので働きやすそうだ。

ヒント

►1　お店の人に聞いてもいいです。
►2　ターゲットの客層などをふまえて書いてください。

Step 2 日本のコンビニの人気商品、または力を入れている商品は何でしょうか。インターネットなどで調べて、Step1 の結果と比べてみましょう。

検索ワードの例：コンビニ、人気商品、おすすめ

店の名前	
人気の商品、力を入れている商品	
比較►1	

ヒント

►1　場所、商品の種類、店内の様子などを比べて、共通点や違いを挙げてください。

アクティビティ② ★★★

Step 1 日本のコンビニで働く外国人労働者の実態や問題点を調べてみましょう。記事や統計から対策と課題をまとめましょう。

⇨活動目標：コンビニの労働問題について知り、対策を考える

検索ワードの例：コンビニ、外国人、課題　労働問題

	コンビニの課題と対策	例
コンビニの問題点		労働力不足
対策		外国人労働者を増やしている
課題		外国人労働者が長時間労働をしている
意見・感想		コンビニの外国人労働者の中でも留学生のアルバイトが増えているようだが、留学生は勉強をしなければならないので、シフトを作るときオーバーワークにならないようにしたほうがよい。
資料タイトル・サイト名・リンク		"コンビニと外国人の店員，" コンビニマガジン．https://www.xxxx.html (最終アクセス 2023年1月4日).

Step 2 コンビニで働いた経験がある人に仕事についてインタビューしてみましょう。

質問例：コンビニの仕事に満足していますか。または、満足していましたか。

質問 1)	回答
2)	
意見・感想	

Section 2 「おもてなし」と「お客様は神様」 ★★★☆

Let's Talk

1.「おもてなし」という言葉を聞いたことがありますか。どこで聞きましたか。
2.「お客様は神様」とはどんな意味だと思いますか。

9-2

旅館のおもてなし

日本はお客さんを温かく迎える「おもてなし」の国と言われている。「おもてなし」の「もてなす」とは、相手にごちそうする、歓待する、丁寧に扱うという意味で、この精神はコンビニからレストラン、高級旅館まで、接客業で大切にされている。

「おもてなし」の由来は諸説あるが、その一つとして、「もう二度と会えない」という気持ちで茶席に招いた相手をもてなすという茶道の考え方から来ていると言われており、客を大切にする「心」が重んじられている。しかし、こうした精神論だけで日本の接客業の丁寧なサービスを説明できるだろうか。

お店の丁寧な「おもてなし」と関係のある言葉に「お客様は神様」がある。「お客様は神様」とは、お客様を大切にし満足がいくようなサービスを提供するという意味で、サービス業の社員教育では社員の心得として持つべきモットーのように使われてきた。確かに、「お客様は神様」を前提とした丁寧なおもてなしは、客にとっては心地よく、その店に対する満足度が高まるだろう。しかし、客が丁寧なサービスを当たり前に感じるようになると、丁寧に扱われない店に不満を感じるようになり、従業員へのクレームや過剰な要求にもつながる。日本人が海外に行ったときに、日本で受けるような丁寧なサービスが受けられないことに不満を感じることは珍しくない。これは、日本人の多くが、丁寧なサービスを当たり前だと感じているからなのだろう。

しかし、日本のサービス業の「おもてなし」は、今、岐路に立たされている。日本の経済環境が悪化し、企業は社員教育に時間をかけたり、経験のある優秀なスタッフを維持したりすることが難しいところもある。企業が厳しい労働環境で働くスタッフに対して、常に質の高い「おもてなし」を客に提供するよう要求することは、過重労働の一因ともなるだろう。

過重労働は日本ではブラック労働とも呼ばれ、長時間休みなく働かされ、体や精神を病んで、仕事を辞めなければならないような過酷な労働を指す。これは、最高のおもてなしを売りにする高級店だけではなく、ファストフード店やファミリーレストラン、合理化を推進しているコンビニなど、あらゆる企業において存在しうる問題なのである。そう考えてみると「おもてなし」の言葉が持つすばらしさだけでなく、負の側面も垣間見えてくるのではないだろうか。

内容確認

1）「おもてなし」の由来についてどう説明していますか。

2）サービス業の「おもてなし」や「お客様は神様」という考え方の何が問題ですか。

3）過重労働はどのような職場で見られますか。

考えよう

1）あなたの周りに「過重労働」を経験した人はいますか。あなたの国では社会問題になっていますか。

2）筆者が本文で一番伝えたいことは何だと思いますか。

視点を変えて 日本ではなぜ過重労働が改善されにくいのでしょうか。

アクティビティ① ★★☆

あなたがレストランでサービスが良い、あるいは悪いと感じた経験についてまとめ、クラスで話してみましょう。それは、従業員の研修や労働環境や労働条件とどのように関係しているのか、考えられる点を挙げてみましょう。

⇨活動目標：「おもてなし」「サービス」と労働環境について考える

	経験	例
【良かったサービス】 いつ／どこで		期末試験の前／大学の近くのファストフードの店
理由		私のおじいさんぐらいの年齢の店員さんがやさしくしてくれた。オーダーをとるだけではなく、「試験がんばって！」と言ってくれてとてもうれしかった。
【悪かったサービス】 いつ／どこで		去年の誕生日に友だちとすしのレストランに行ったとき／家の近くの高級すしのレストラン
理由		カウンターに二人で座ってコースを注文した。すしのシェフが怖い顔で握っていた。スタッフも、最初だけ水を持ってきて、その後は足してくれなかった。値段はとても高かったのに、スタッフの感じが良くなくてあまり楽しくなかった。
従業員の研修や労働環境、労働条件との関係で考えられること		高級すしのレストランのサービスがよくない理由は、サービスについて従業員の研修が十分じゃなかったり、労働時間に満足していないからかもしれない。

アクティビティ② ★★☆

「お客様は神様」という表現とブラック労働について書かれている記事を調べてみましょう。

⇨活動目標：日本のブラック労働と「おもてなし」の精神の関係を考える

検索ワードの例：お客様は神様、ブラック労働、勘違い

	調査	例
記事タイトル・サイト名・リンク		"おもてなしはブラック労働？," http://xxxx.com（最終アクセス 2023 年 1 月 4 日）
内容の要約		「お客様は神様」といっている会社は、賃金が安くてたくさん働かされるブラック企業だ。そのような会社で無理に働かなくてもよい。
本文との関係		本文では「おもてなし」は過重労働の一因となると書かれている。この記事は過重労働をしないほうがよいと言っている。
意見・感想		私も体や精神が病む前にブラック企業はやめるべきだと思う。まずは、ブラック企業やブラック労働とは何か、自分で知っておいたほうがいいと思う。

アクティビティ③ ★★★

Worksheets

日本とあなたの国の外食産業の過重労働の問題を調べて、比べてみましょう。

⇨活動目標：外食産業の労働問題について記事を調べ、自分なりの対策を考える

検索ワードの例：残業、過重労働、外食産業、overwork、food industry

	日本の過重労働	あなたの国の過重労働
過重労働の問題		
比較		
意見・感想		
資料タイトル・サイト名・リンク		

まとめ

この章のテーマや活動から感じたことを書きましょう。1)～3)の全部について書いてもいいですし、一つ選んでもいいです。

1）あなたはコンビニや外食産業で働いたことがありますか。そのときの様子や思ったことを書いてください。働いたことがない人は、働いてみたいかどうかとその理由を書いてください。

2）あなたの国には、本文に出てくるような「おもてなし」「お客様は神様」という考えがありますか。あなたの経験もふまえ、日本の「おもてなし」「お客様は神様」について意見を書いてください。

3）過重労働や外国人労働者問題について身近な視点で考えて、あなた個人にできる取り組みについて書いてください。

第10章 食と社会の課題解決

Section 1 食品ロスとSDGs ★★☆☆

Let's Talk

1.「食品ロス」という言葉を聞いたことがありますか。どのような意味だと思いますか。
2. あなたは買ってきた食べ物を食べ切れなかったり、使い切れなかったりして捨ててしまった経験はありますか。

国連環境計画（UNEP）の「食品廃棄指標報告 2021」によると、2019 年には世界で約 9.3 億トンもの食料が廃棄されました。日本も例外ではなく、2019 年度には約 570 万トンもの食料が捨てられていて、家庭の食品廃棄がその半数以上を占めています。多めに買ってしまい、使い切れずにやむをえず捨ててしまうという「食品ロス」がその理由として挙げられます。食品ロスを減らすために、食べられる量だけ買うこと、食事のとき食べ物を残さないこと、全部食べたくなるようなおいしい料理を作ることなど、できることはいろいろあります。外食したときも食べられる分だけ注文することが大切でしょう。

事業者による食品ロスの問題も深刻で、コンビニでは一店舗あたり年間 20～30 万トンもの食品が廃棄されていると言われています。しかし最近では、コンビニも様々な対策に取り組んでいます。たとえば、AI で在庫状況を管理し余っている在庫を削減したり、賞味期限の近い食品を値引きしたり、長期保存ができる商品を開発したりしています。

食品ロスの問題を解決するためには、国連が設定した持続可能な開発目標（SDGs）の中で取り上げられている「つくる責任」と「つかう責任」の両方の取り組みが必要です。その代表的な取り組みの一つとして、NPO の「フードバンク」では企業から廃棄される食料を集め、経済的に困っている人達に提供しています。このシステムは、企業の食料廃棄の経費が節約でき、ゴミが減って環境に良く、また、食料を受け取る人達はお金が節約できます。このコンセプトをもとに企業が始めたスマホのアプリもあります。飲食店で余った食品やパンの売れ残りを割引きしてアプリにアップロードし、メンバーがそれを買うことにより、ビジネスと食品ロスの軽減を両立させようとする試みです。このような取り組みは今後も増えるのではないでしょうか。

内容確認

1）本文では家庭の食品ロスの原因と対策についてどう説明していますか。

2）事業者による食品ロスの問題点は何ですか。例を挙げてください。

3）NPO のフードバンクではどのような対策を行っていますか。

考えよう

1）食品ロスはなぜ問題なのでしょうか。世界的にどのような影響が挙げられますか。

2）筆者が本文で一番伝えたいことは何だと思いますか。

視点を変えて あなたの周囲で「つくる責任」や「つかう責任」の事例を挙げて、実際に機能しているかどうか話し合ってみましょう。

文法表現

①やむをえず：inevitably; reluctantly

1. 昨日、買い物に行かなかったので、やむをえず残り物を食べた。
2. バスに乗り遅れたために、やむをえず歩いていくことにした。

②～をもとに：based on ~

1. 口コミをもとに、レストランを選んだ。
2. これは祖父の体験をもとに書かれた小説だ。

③ Volitional form of V + とする：try to; attempt to; be about to~

1. 電子レンジを使おうとしたら、急に停電になった。
2. 相手の考えを知ろうとする努力は大切だ。

ことばコーナー

次の言葉はいくつかの意味の単位に分けられます。例を参考に分けてみましょう。

例：国際社会　→　国際　/　社会

1. 賞味期限切れ
2. 持続可能な開発目標
3. 世界的環境課題
4. 問題解決能力
5. 食品廃棄物問題
6. 効率的利用

アクティビティ① ★☆☆

食品ロスに関するあなたの経験や対策をクラスメートと話し合いましょう。できれば日本人にも話を聞きましょう。

⇨活動目的：食品ロスの問題に対して自分たちでできることを話し合う

		わたし	（　　　）さん
経験	【過去】食品をむだにした経験（家庭 / 学校 / 外で）		
対策	【現在】自分なりに努力していること		
	【未来】さらに努力したほうがよいこと		

アクティビティ② ★★☆

現在、様々な企業で食品ロスの対策をしています。どのような対策をしているか調べて評価しましょう。

⇨活動目的：企業の食品ロス対策の現状を知り、それを評価できるようになる

🔍 検索ワードの例：食品ロス、 企業、 対策

	調査	例
事業名		ビーガンレストラン
店の名前		ビーガン東京
食品ロスの対策		料理に使わない部分や食べ物の食べ残しなどの生ゴミを店内にある堆肥製造機で肥料にして、農家に無料で配って畑で使用してもらっている。
あなたの評価 ☆☆☆☆☆ と理由		★★★ 生ゴミを肥料にして使うことは食品ロスにならないし、農家も化学肥料を使わなくていいので環境にもよい。
資料タイトル・サイト名・リンク		“サステナブルなレストラン.” http://xxxx.com(最終アクセス2023年1月4日).

アクティビティ③ ★★☆

Worksheets

飲食店や大学の食堂に行き、食品ロスが起きているかどうか観察しましょう（※可能であれば働いている人や関係者にも聞くとよいでしょう）。

⇨活動目的：身近な場所での食品ロスの現状を知り、できることを考える

	調査	例
場所		大学の食堂
食品ロスの観察と課題		観察した学生の中で50%ぐらいは食べ残していた。
取られている対策		食べ残しを少なくするためにスタッフが料理を配っている。
関係者の話		食品ロスを削減するために、余ってしまったものはスタッフの食事にして食べ切っている。
意見・提案		食品ロスの問題を多くの人に知ってもらうために食堂内にポスターを貼る。大学がもっと積極的に取り組むべきだと思う。

アクティビティ④ ★★☆

Worksheets

下の読み物を読み「MOTTAINAI 運動」について調べ、あなたの周囲でこの運動を広めるために何ができるか考え、ポスター（Infographic）を作成してみましょう。

⇨活動目的：社会課題を解決するための啓もう活動について考え、行動する

MOTTAINAI 運動

「もったいない」は子どものころからよく母に言われてきた言葉です。「ご飯を残すのはもったいない」「時間がもったいない」「電気のつけっぱなしはもったいない」など、多くの家庭で使われている言葉です。「もったいない」は、ワンガリ・マータイさんというケニアの生物学博士により、「MOTTAINAI 運動」になりました。マータイさんは2004年に環境分野ではじめて、アフリカの女性としてノーベル平和賞を受賞しました。2005年に来日した際に、日本語の「もったいない」という言葉の持つ深い意味に感銘を受け、この言葉を世界共通語の「MOTTAINAI」として広めることを提唱しました。「もったいない」にはReduce（ゴミ削減）＋Reuse（再利用）＋Recycle（再資源化）という環境活動の3Rだけではなく、Respect（尊敬の心）も含まれている、とマータイさんは言いました。2009年には国連平和大使にも任命され、「環境と平和」のために貢献されたマータイさんは2011年に永眠されましたが、MOTTAINAI 運動は地球にやさしく持続可能な循環型社会の構築を目指し、今でも世界的な活動として展開されています。

Section 2 食のソーシャルビジネスと社会課題の解決 ★★★☆

Let's Talk

1. あなたは社会貢献活動に参加したことがありますか。
2.「ソーシャルビジネス」という言葉を聞いたことがありますか。どのようなことだと思いますか。

10-2

ソーシャルビジネス※1（ソーシャルイノベーション）とは、ビジネスの手法を用いて、貧困や差別などの社会課題を解決する事業や取り組みを指す。経済産業省はソーシャルビジネスの三つの特色として、社会性、事業性、革新性を取り挙げ、社会貢献のための商品やサービスを開発し、持続可能なビジネス活動を社会に広めることで、新しい社会的価値を生み出すことを推奨している。

19世紀の近代看護教育の母として知られるナイチンゲールは、ボランティアのみによって支えられた活動は長続きしないと考え、看護学校を設立し、女性の社会進出を支援した。そして、社会貢献とビジネスを両立させたことから、ソーシャルビジネスの先駆者と言われている。近年、ソーシャルビジネスへの投資を希望する投資家も増えてきており、社会的な広がりをみせている。

日本の食に関係するソーシャルビジネスの事例に、「未来食堂※2」という小さな定食屋がある。この食堂ではだれでもレストランの仕事を50分手伝うと、従業員用のまかない（食事）がただで食べられ、そのうえ「ただめし券」ももらえる。この「ただめし券」を自分で使わずに店の入口に貼っておけば、お金のない人がその券を使って食事をすることができる。これは貧困救済だけにとどまらず、お客さんにも社会貢献の場を提供するシステムだ。

また、東京には、ハラール、アレルギーなど、食事制限がある人たちが食べられる食事を提供し、食の多様性を包括しながら異なった食習慣を持つ人々が一つのテーブルを囲めるレストランがある。また、地域の施設と国からの補助を活用し、障がい者が歌を通じてお客さんとの絆を深めながら、楽しく働ける職場を提供している混合営利型のカフェなどもある。

さらに、ソーシャルビジネスを担う人材の育成は、様々な教育現場で行われており、SDGsの課題解決とソーシャルビジネスを結びつけたプロジェクト型の活動もその一つである。ソーシャルビジネスはここ数年で社会的にも知られるようになり、今後ますます広まっていくと期待される。

※1 ソーシャルビジネス（social business）は経済学者のムハマド・ユヌスによって用いられた言葉。ソーシャルイノベーション（social innovation）という言葉も広く用いられている。

※2 東京都千代田区一ツ橋にある定食屋。"未来食堂 - あなたのふつうをあつらえます"
http://miraishokudo.com/（最終アクセス 2023年3月20日）

内容確認

1）ソーシャルビジネスの定義と特色について説明してください。
2）ソーシャルビジネスの先駆者と言われた人はだれですか。
3）本文ではどのようなソーシャルビジネスの例が挙げられていますか。

考えよう

1）あなたはソーシャルビジネスという考え方についてどう思いますか。ソーシャルビジネスの難しさは何だと思いますか。
2）筆者が本文で一番伝えたいことは何だと思いますか。

視点を変えて ナイチンゲールは、「ボランティアのみによって支えられた活動は長続きしない」と言っていますが、ソーシャルビジネスのほうがボランティアより持続可能だという考えについてどう思いますか。

アクティビティ① ★★☆

日本や世界の国々の食のソーシャルビジネスの事例を調べてみましょう。

⇨**活動目的：食ビジネスを通じた社会貢献を考える**

検索ワードの例：世界、ソーシャルビジネス、社会課題

事業名			
事例内容	期間：	場所（国／地域）：	参加者：
	内容：		
どんな社会課題の解決につながるか►1			
持続可能性►2（サステナビリティ）			
資料タイトル・サイト名・リンク			

ヒント

►1 SDGsの目標（p.8）を参照して考えましょう。
►2 持続性と資金面から考えてみましょう。

Worksheets

アクティビティ② ★★☆

社会課題を解決するために「食のソーシャルビジネス」の企画を考えてみましょう。

➡レストラン関連のビジネスだけでなく、食のリサイクル、貧困の救済、食べ物の地産地消、保存食などを通じた環境保護、未来の食べ物など、様々なビジネスに関連したアイディアなど。

⇨活動目的：食ビジネスを通じた社会貢献を考える

企画書		例
事業名►1		「でこぼこ野菜と果物を生かそう！ 隠れ食品廃棄物問題に立ち向かう」
社会課題		隠れ食品ロスの解決
提案内容►2		廃棄される予定の食材を農家から安く譲り受ける、もしくは、ただでもらい、メンバーがジャムやピクルスを作って売る（SNSや cafe と提携） 【具体案】 いつ＝試験的に１か月間 どこで＝自分達の家で だれが＝留学生メンバー なにを＝廃棄予定の食材を使ってジャムやピクルスを作り、販売している どうやって＝ ・カフェやレストランで委託販売、料理のコラボ ・SNS で宣伝、販売
SDGs との関連►3		SDGs の #1、2（貧困をなくす、飢餓をなくす）に関連
持続可能性►4 （サステナビリティ）		資金は地元政府からの支援やクラウドファンディングで集める。農家とのネットワークを広げれば継続しやすくなると思う。
資料タイトル・サイト名・リンク		"隠れ食品ロス." https://socialgood.earth/non-standard-vegetables/（最終アクセス 2023 年 1 月 10 日）.

ヒント

►1 興味をひく名前をつけましょう。

►2 すでに行われている事業からヒントを得てもいいですが、自分の工夫も加えましょう。また、「いつ／どこで／だれが／なにを／どうやって」を書きましょう。

►3 SDGs の目標（p.8）を参照して考えましょう。

►4 現実性や持続性、プロジェクトに必要な資金とそれを集める方法を考えましょう。（例：クラウドファンディング）

まとめ

この章のテーマや活動から感じたことを書きましょう。1)～3)の全部について書いてもいいですし、一つ選んでもいいです。

1）あなたの周りの食品ロスの問題をまとめ、周囲と協力してできる食品ロス削減に向けた取り組みについて書いてください。

2）ソーシャルビジネスの意義をまとめ、営利目的の企業がソーシャルビジネスに取り組むことについてあなたの意見を書いてください。

3）あなたが今学んでいることが、どのようなソーシャルビジネスに貢献できるか書いてください。

カレーうどん

明治時代にはカレーライスやとんかつなど、洋食の人気が高まりました。その一方で、老舗のそば屋などが経営難に陥り、店の存続をかけてカレーうどんやカレーそばという新しいメニューが開発されました。今では、カレーうどん専門店もあるほど、人気の料理になりました。

カレーうどん：1人分

［材料］

- ►うどん……1玉
- ►めんつゆ（3倍濃縮）……25ml
- ►水……300ml
- ►カレールー……1かけ（約20g）（レトルトカレー1パックでも代用可）
- ►豚コマ肉（牛肉でもOK）……75g
- ►玉ねぎスライス……1/4個
- ►長ネギ……少々
- ►片栗粉／コーンスターチ……大さじ1

＊めんつゆがない場合は、出汁汁75ml、しょうゆ大さじ1、みりん大さじ1/4、さとう小さじ1/4を合わせて煮たてて作れます。この場合は水を少なくしましょう。

＊辛いカレーが好きな人は、一味唐辛子やラー油や鷹の爪を加えてみましょう。

［作り方］

1. 鍋に豚コマ肉、玉ねぎ、めんつゆ、水を入れ、火が通るまで煮る。
2. 1にカレールーを入れ、煮溶かす。
3. 大さじ1の水で溶いた片栗粉を混ぜ入れて、とろみをつける。
4. 別の鍋でうどんをゆでて水けをきる。
5. ゆでたうどんを丼に入れ、3のスープをかけ、お好みで長ネギを入れてできあがり。

肉じゃが

日本の家庭料理の代表ともいえる肉じゃがですが、その由来は明治時代にイギリスに留学していた日本人がビーフシチューをとても気に入り、帰国後に海軍の調理人に再現してもらおうと頼んだ結果、できたそうです。冷めてもおいしいのでお弁当にも最適です。

肉じゃが：2人分

［材料］

- ►牛肉……200g
- ►玉ねぎ……１個
- ►にんじん……１本
- ►じゃがいも……中３個
- ►しらたき……1 袋（なくてもよい）
- ►水……200ml
- ►しょうゆ……大さじ 2
- ►酒……大さじ 2
- ►砂糖……大さじ 2
- ►みりん……大さじ 2
- ►だしの素……大さじ１／２

＊「だしの素」は和風のスープストックのことです。

［作り方］

1 じゃがいもとにんじんを乱切りにし、玉ねぎはくし切りで、牛肉は一口大に切る。

2 しらたきは洗って適当な大きさに切る。

3 鍋に油を熱し、玉ねぎと牛肉を炒める。

4 牛肉の色が変わったら、じゃがいもとにんじんを入れて炒め、しらたきを加える。

5 しょうゆ以外の調味料を加え、落としぶたをして、中火で 10 分煮て、しょうゆを加え、さらに 10 分煮る。

6 じゃがいもとにんじんに楊枝がスッと通ればできあがり。

味噌汁

和食の基礎と言われている一汁三菜の汁物の定番は味噌汁です。野菜や海藻、豆腐などをだし汁で煮て、その中に味噌を溶かします。とてもシンプルな料理ですが、具材や味噌の種類なども様々で、家庭ごとに味が違います。味噌汁にあう具材を調べて作ってみましょう。

味噌汁：2人分

［材料］

- 味噌……大さじ 1・1／2
- だしの素……小さじ1
- 水……2～3カップ
- 好きな具材：

味噌汁の具材に決まりはありません。一般的には2～3種類の具材を入れる場合が多いようです。豆腐、わかめ、玉ねぎ、大根などは代表的な具材です。

＊だし入りの味噌を使う場合、だしはいりません。だしの素がない場合は、かつおぶし、こんぶ、煮干しなどを煮たててだしを作ります。

＊「だしの素」は和風のスープストックのことです。

［作り方］

1 鍋に水とだしの素を入れて熱し、沸騰したら好きな具材を入れて火を通す。

2 具に火が通ったら、弱火にして味噌を溶き入れる。

3 味噌は沸騰させると香りがとんでしまうため、沸騰寸前で火を消す。

お好み焼き

お好み焼きは具材とホットプレートがあれば、家族みんなで作れる楽しい料理です。トッピングもいろいろアレンジできます。以下の具材以外にも、自分が好きな具材を使って作ってみましょう。

お好み焼きは、地域によって具材や調理方法が違います。いろいろ調べて試してみたら楽しいでしょう。

お好み焼き：2人分

［材料］

- **小麦粉**……100g
- **だしの素**……小さじ 2
- **卵**……1 個
- **水（ぬるま湯）**……120ml
- **千切りキャベツ**……200g
- **豚肉**……100g
  （好みで、イカ、エビ、ほたて、チーズ、もち等）
- **揚げ玉**……15g
- **サラダ油（焼き用）**……少々

［できあがったらかけるもの］

- **ソース**
- **マヨネーズ**
- **かつおぶし**
- **青のり（オプション）**
- **紅ショウガ（オプション）**

＊「だしの素」は和風のスープストックのことです。

［作り方］

1. 豚肉とサラダ油以外の材料をボールに加えてよく混ぜる。
2. 油を引いたフライパンで２～３センチに切った豚肉を焼く。
3. 焼けた豚肉の上に１を丸く広げて、弱火～中火で焼く。
4. 焦げ目がついたら、ひっくり返して中に火が通るまで弱火でじっくり焼く。
5. 中まで焼けたら火を止める。
6. お皿に盛ったらソースとマヨネーズを塗って、お好みでかつおぶしや青のり、紅ショウガをのせてできあがり。

てまり寿司

　寿司は千年以上の歴史があると言われていて、地域によってその種類は様々です。一般的に海外で知られている寿司と言えば、巻き寿司や握り寿司です。握り寿司は江戸前寿司という江戸（今の東京）の伝統的な郷土料理です。てまり寿司は握り寿司を小さく丸くしたもので、その由来として、京都の舞妓さんが一口で食べられるように作られたという説があります。簡単に作れて見た目も華やかで、パーティーにも最適です。

てまり寿司：4人分

［材料］

- **すし飯**……米２合（360ml）
- **すし酢**……大さじ３
- **具材**：
  まぐろ、エビ、赤貝、卵、アボカド、サーモン、スモークサーモン、ツナ、きゅうりなど、好みで何でもよい。

＊すし酢がない場合は、酢大さじ３、砂糖小さじ１・1/2、塩小さじ 1/2 を混ぜてすし酢を作る。

［作り方］

1. ご飯を炊く。炊きたての熱いご飯にすし酢を入れて、ねらずに、つぶさないように混ぜてすし飯を作る。
2. 刺身などの具材を小さく切る。
3. ラップを小さく切って、中央に２の具材をのせる。
4. ラップにのせた具材の上に、すし飯を丸く握ってのせる。
5. ラップをねじって丸く形を整える。食べる前にラップをはずす。

丼もの（どんぶり）

安くてたくさん食べられる料理として、丼ものが人気です。丼ものはご飯の上にのせるもので、名前が決まります。すき焼き風の牛肉と玉ねぎがのっているのが牛丼で、天ぷらがのっていれば天丼、とんかつがのっていればかつ丼、ウニとイクラがのっていれば、ウニ・イクラ丼です。コンビニでは、麻婆豆腐丼や、ビビンバ丼、スパイシーなひき肉と卵黄をのせた台湾丼など、アジア系の丼ものもたくさん販売されています。親子丼はご飯の上に鶏肉と卵がのっていて、鶏が親で卵が子ということから「親子丼」という名前がついたそうです。

親子丼：1人分

［材料］

- ▶鶏肉（もも肉）……1/2～1枚（一口大に切る）
- ▶卵……2個
- ▶玉ねぎ……1/4個

- ▶しょうゆ……大さじ1
- ▶みりん……大さじ1
- ▶だしの素……小さじ1／3
- ▶水……80ml

〈オプショナル〉

- ▶さとう……大さじ1/ 2
- ▶酒……大さじ1/2

＊お好みで三つ葉をのせる。

＊「だしの素」は和風のスープストックのことです。

［作り方］

1 小さなフライパンに鶏肉と卵以外の材料を入れて、中火で煮立てる（オプショナルでさとうと酒を入れてもよい）。

2 1に玉ねぎと鶏肉を加え、玉ねぎがしんなりして、鶏肉に火が通ったら、卵を溶き2／3を入れてふたをする。

3 ふたをしたまま中火で30秒ぐらい煮る。

4 残りの溶き卵も加えて半熟になるまで煮る。

5 どんぶりのご飯の上に4をのせてできあがり。

発表の表現

発表のはじめ

・これから～について｛発表／報告｝したいと思います。

・では、始めます。

発表の順序

・まず～。

・まず最初に、～。

・次に、～。

・その次に～。

・それから、～。

・最後に、～。

図や表を説明するとき

・では、この図をご覧ください。

・この｛図／表｝について説明します。

・～の割合が最も多く、～%を占めています。

・次いで、～。

・～%を超えています。

・～%に過ぎません。

・右肩｛上がり／下がり｝で、

・急速に～

・年々～

・徐々に～

・ここから～ということがわかります。

発表を終えるとき

・これで～についての発表を終わります。

・（発表は）以上です。

・以上、～についてお話ししました。

質疑応答（Q&A）

・では、質問やコメントがあったらお願いします。

・何か質問はありませんか。

■アクティビティの活動内容／目標

	活動の内容	レベル	活動目標	形態
Ch1-Sec1	①調査／発表	★★	食生活の特徴と多様性を知る	グループ／個人
	②考案／発表	★★	和食の多様性について考える	個人
Ch1-Sec2	①調査／発表	★★★	年中行事と食の関係について知る・比較する	個人
	②経験語り	★★	年中行事と結びついた料理について自分の経験を語る	個人
	③調査／発表	★★★	和食離れに関する様々な解釈を知り、考える	グループ／個人
Ch2-Sec1	①調査／ゲーム	★★	地域の郷土料理の多様性、地形や気候との関係を知る	グループ
	②調査／発表	★★	駅弁から日本の地域の特産品や食文化の特徴を知る	個人
Ch2-Sec2	①調査／発表	★★	食を通じた町おこしの理解を深める	個人
	②調査／発表	★★★	自分の出身地の食の魅力の発信を通して町おこしを考える	グループ／個人
Ch3-Sec1	①調査／発表	★★	日本の伝統を表す要素について知識を深める	グループ／個人
	②調査／発表	★★★	江戸時代の身分制度と食の関係について理解を深める	グループ／個人
	③調査／ディスカッション	★★★	経済格差と食の関係について考える	グループ
Ch3-Sec2	①調査／発表	★	食の西洋化について理解する	個人
	②調査／発表	★★★	料理や食材を通じて日本の歴史を知り、発信できる	グループ／個人
Ch4-Sec1	①調査／発表	★★	食のグローバル化について考えを深める	個人
	②調査／発表	★★	ラーメンの魅力を通して食のグローバル化を考える	グループ／個人
Ch4-Sec2	①考案／発表	★	寿司のローカル化について理解を深める	個人
	②調査／発表	★★	食のグローバルな変化について考えを深める	グループ／個人
Ch5-Sec1	①調査／発表	★★	メディア作品の中の食の意味を考える	グループ／個人
	②料理／発表	★	メディア作品と食の関係を考える	個人
Ch5-Sec2	①動画観賞／発表	★★	メディア作品の中で描かれている食事シーンの意味を考え、登場人物の気持ちを考えながら演じる	グループ
	②動画鑑賞／発表	★★	メディア作品の中で描かれている料理人の姿について考える	グループ／個人
	③動画鑑賞／ディスカッション	★★	メディア作品の中で描かれている職人気質を通じて異文化理解を深める	グループ／個人
Ch6-Sec1	①経験語り	★	家庭料理の作り方、家族との食の思い出について語ることができる	個人
	②料理／食レポ	★	料理の見た目、食感、味について聞き手にわかりやすく表現できる	個人
Ch6-Sec2	①調査／発表	★★	CM の中で描かれている家事（料理を含む）とジェンダーの関係を考える	個人
	②調査	★★	家事とジェンダーの意識の実態について理解を深める	グループ／個人
	③調査／発表	★★★	家事とジェンダーの意識の実態について理解を深める	グループ／個人
Ch7-Sec1	①調査／発表	★★	給食についての実例を通じて考え、自分の状況と比較できるようになる	個人
	②調査／発表	★★	学校給食と地域との関わりについて理解を深める	個人
Ch7-Sec2	①調査／発表	★★	子どもの貧困率の実態を知り、対策を考える	個人
	②調査／発表	★★	こども食堂の取り組みを理解する	グループ／個人
Ch8-Sec1	①調査／発表	★★	食と長寿の関係を考える	個人
	②調査／ディスカッション	★★★	市販の健康食品について考える	グループ／個人
Ch8-Sec2	①調査／発表	★★	代替食品の実例を知る	個人
	②考案／発表	★★	ヘルシーな食生活を考える	個人
	③調査／発表	★★★	フードテックの意義と課題を理解する	グループ／個人
Ch9-Sec1	①調査／発表	★★	コンビニの商品の特色や地域とのつながりについて理解を深める	グループ／個人
	②調査／発表	★★★	コンビニの労働問題について知り、対策を考える	グループ／個人
Ch9-Sec2	①経験語り／ディスカッション	★★	「おもてなし」「サービス」と労働環境について考える	グループ／個人

Ch9-Sec2	②調査／発表	★★	日本のブラック労働と「おもてなし」の精神の関係を考える	グループ／個人
	③調査／発表	★★★	外食産業の労働問題について記事を調べ、自分なりの対策を考える	グループ／個人
Ch10-Sec1	①ディスカッション	★	食品ロスの問題に対して自分たちでできることを話し合う	グループ
	②調査／発表	★★	企業の食品ロス対策の現状を知り、それを評価できるようになる	個人
	③調査／発表	★★	身近な場所での食品ロスの現状を知り、できることを考える	グループ／個人
	④調査／ポスター作成	★★	社会課題を解決するための啓もう活動について考え、行動する	グループ／個人
Ch10-Sec2	①調査／発表	★★	食ビジネスを通じた社会貢献を考える	グループ／個人
	②考案・企画／発表	★★	食ビジネスを通じた社会貢献を考える	グループ

■文法項目表

	文法項目	
Ch1	①～につれて：as~; in proportion to~	N3
	②Nによると：according to N	N3
	③（～の）おかげで：thanks to ～	N3
Ch2	①～きれない : unable to do; too much to finish/complete	N3
	②まるで～（の）ようだ：as if; as though; just like ～	N3
	③～だけあって：because; as expected	N2
Ch3	①～として：as ～	N3
	②～にともない：with ～	N2
	③ちなみに：by the way	N2
Ch4	①～は～（の）ようなものだ：～ is no different than ～	N2
	②～ほど：shows the degree of an action or state	N3
	③つまり：in other words; in summary; in short ～	N3
Ch5	①Vて以来：since ～	N2
	②～をこめて：filled with ～	N3
	③～うえで : in order to; for	N3
Ch6	①いつの間にか：before you realize; before one knows	N2
	②～からといって：just because	N2
	③～わけではない：it doesn't mean that ～	N3
Ch7	①～を通じて：through; via; throughout; by	N3
	②ただ／ただし：but; however; provided that	N2
	③～において : in ～ ; at (place); regarding ～ ; as for ～ ; in relation to ～	N3
Ch8	①～ではないか : I think it might be the case that (=～んじゃない？※口語表現)	N3
	②～かかせない：indispensable; essential	N1
	③～だけでなく～も : not only ～ but also ～	N3
Ch9	①～といえば：speaking of ～	N3
	②～さえ～ば：if only	N3
	③ ～たびに : each time; every time; whenever	N3
Ch 10	①やむをえず：inevitably; reluctantly	N2
	②～をもとに：based on ～	N2
	③ Volitional form of V + とする：try to; attempt to; be about to ～	N3

参 考 文 献

●**第1章**

江原絢子・石川尚子(編著)(2016)『日本の食文化新版「和食」の継承と食育』アイ・ケイコーポレーション

熊倉功夫・江原絢子(2015)『和食とは何か』思文閣出版

土井善晴(2016)『一汁一菜でよいという提案』グラフィック社

website

岩村暢子(2014)「家庭の和食—今そこにある危機」(nippon.com) https://www.nippon.com/ja/currents/d00110/(2021年11月13日アクセス)

熊倉功夫(2014)「ユネスコ無形文化遺産に登録された本当の理由」『ヘルシスト』226号, 2-7 https://www.yakult.co.jp/healthist/226/img/pdf/p02_07.pdf (2022/12/20 アクセス)

日本能率協会総合研究所(2018)「メニューからみた食卓調査 2018」https://www.jmar.biz/report/life/2019/02/22.html (2022年1月15日アクセス)

農林水産省 (2013)「和食：日本人の伝統的な食文化」https://www.maff.go.jp/j/keikaku/syokubunka/culture/attach/pdf/index-15.pdf (2022/12/20 アクセス)

農林水産省 (n.a.)「ユネスコ無形文化遺産に登録された「和食；日本人の伝統的な食文化」とは」http://www.maff.go.jp/j/keikaku/syokubunka/ich/ (2021年11月13日アクセス)

●**第2章**

筧裕介(2019)『持続可能な地域のつくり方—未来を育む「人と経済の生態系」のデザイン』英治出版

安田亘宏(2013)『フードツーリズム論ー食を生かした観光まちづくり』古今書院

website

関川靖・山田ゆかり・吉田洋(2010)「地域ブランドにおけるフードビジネスの役割」名古屋文理大学紀要 第10号. https://www.jstage.jst.go.jp/article/nbukiyou/10/0/10_KJ00006081119/_pdf(2023年3月15日アクセス)

全国地産地消ネットワーク「地産地消とは？農林水産省「地産地消推進検討会中間取りまとめ」から」http://www.jsapa.or.jp/chisan/What%20tisantishou/intro.html(2021年11月13日アクセス)

●**第3章**

石毛直道『日本の食文化—旧石器時代から現代まで』岩波書店

上原善広(2005)『被差別の食卓』新潮社

熊倉功夫(2007)『日本料理の歴史』吉川弘文館

website

NHK 高校講座 歴史総合 (2022)『なぜ歴史総合なのか』https://www.nhk.or.jp/kokokoza/tv/rekishisougou/archive/resume001.html(2022年7月15日アクセス)

農林水産省「和食 Washoku　日本人の伝統的な食文化」https://www.maff.go.jp/j/keikaku/syokubunka/culture/attach/pdf/index-44.pdf (2021年11月13日アクセス)

●**第4章**

安藤百福(2007)『安藤百福かく語りき』中央公論新社

ジョージ・ソルト(2015)『ラーメンの語られざる歴史』国書刊行会

並松信久(2019)『伝統食「すし」の変貌とグローバル化』京都産業大学学術リポジトリ, 24, 37-78.

Beware the sushi police. (2007). *The American,* 1(3), 8-9.(Washington, DC)

Theodore C. Bestor. (2018). Washoku, Far and Near: UNESCO, Gastrodiplomacy, and the Cultural Politics of Traditional Japanese Cuisine. In Nancy K. Stalker (Ed.) *Devouring Japan: Global perspectives on Japanese culinary identity*, pp.99-117. Oxford University Press.

website

呉偉明・合田美穂（2001)「シンガポールにおける寿司の受容—寿司のグローバライゼーションとローカライゼーションをめぐって—」東南アジア研究, 39(2), 258–274. https://doi.org/10.20495/tak.39.2_258（2023年3月15日アクセス）

農林水産省（2019）「海外における日本食レストランの数」https://www.maff.go.jp/j/shokusan/eat/attach/pdf/160328_shokub-13.pdf（2023年3月15日アクセス）

農林水産省「海外における日本料理の調理技能認定制度」https://www.maff.go.jp/j/shokusan/syokubun/tyori.html（2021年11月30日アクセス）

Around the world in 8 sushi dishes—Reader's Digest. https://www.readersdigest.co.uk/food-drink/recipes/around-the-world-in-8-sushi-dishes（2020年7月4日アクセス）

Faiola, A. (2006, November 24). Putting the Bite On Pseudo Sushi And Other Insults. http://www.washingtonpost.com/wp-dyn/content/article/2006/11/23/AR2006112301158.html（2021年5月1日アクセス）

Hadfield, J. (2016, September 30) Sushi crimes: How Japan polices its culinary traditions. The Japan Times. https://www.japantimes.co.jp/life/2016/09/30/food/sushi-crimes-japan-polices-culinary-traditions/（2021年5月1日アクセス）

House, J. (2018). Sushi in the United States, 1945–1970. Food and Foodways, 26(1), 40–62. https://doi.org/10.1080/07409710.2017.1420353（2023年3月15日アクセス）

IPPUDO「Project ZUZUTO」https://www.ippudo.com/zuzutto/（2022年8月27日アクセス）

Japan Prepares to Send 'Sushi Police' on Worldwide Crusade to Improve Japanese Cuisine | Voice of America—English. (2009, October 31). VOA. https://www.voanews.com/a/a-13-bkg-herman-sushi-japan/397762.html（2021年5月1日アクセス）

Momofuku. https://momofuku.com/our-company/team/（2022年8月27日アクセス）

SUSHI POLICE「スシポリス」http://sushi-police.com/（2021年5月1日アクセス）

●第 5 章

安倍夜郎（原作）『深夜食堂』（第 1 部）／第 1 話 - 第 10 話（2009年10月15 日 - 12月17 日放送）TBS テレビ

スタジオジブリ（2013）『ジブリの教科書 3 となりのトトロ』文春文庫

よしながふみ（原作）『昨日何食べた』（2019年4月6 日 -6月29 放送）テレビ東京

David Gelb 監督『二郎は鮨の夢を見る』（原題：Jiro Dreams of Sushi）Magnolia Pictures（2011）

●第 6 章

藤原辰史（2018）『給食の歴史』岩波新書

成元哲・牛島佳代（2018）「子ども食堂、あるいは、家族する時代の ボランタリーな共同体家族」中京大学現代社会学部紀要, 12(1), 163-182.

湯浅誠（2019）『こども食堂の過去・現在・未来』地域福祉研究, 47, 14-26.

website

NPO ニュース（2015, December 7）「子ども食堂とは・ボランティア活動内容・参加方法・募集団体を解説」https://nponews.jp/volunteer/kodomo-shokudo/（2023年3月13日アクセス）

厚生労働省「国民生活基礎調査の概況(2019)」https://www.mhlw.go.jp/toukei/saikin/hw/k-tyosa/k-tyosa19/index.html (2021年11月30日アクセス)

厚生労働省「子ども食堂通知案」https://www.mhlw.go.jp/stf/newpage_00381.html (2020年11月13日アクセス)

厚生労働省「子ども食堂における衛生管理のポイント」https://www.mhlw.go.jp/file/06-Seisakujouhou-11900000-Koyoukintoujidoukateikyoku/0000213463.pdf (2021年11月30日アクセス)

むすびえ(2019)「子ども食堂がなぜ求められているのか」https://musubie.org/news/1391/ (2020年1月10日アクセス)

文部科学省(2019)「平成30年度学校給食実施状況等調査の結果について」https://www.mext.go.jp/content/1413836_001_001.pdf (2021年11月13日アクセス)

KATARIBA (2017)「【子ども食堂】現状と課題」https://www.katariba.or.jp/news/2017/11/02/9882/ (2021年11月13日アクセス)

NHK News Web (2021) 「「子ども食堂」全国で20%余増 幅広い世代の交流の場に」https://www3.nhk.or.jp/news/html/20211226/k10013405131000.html (2022年7月15日アクセス)

●第7章

小泉武夫(2002)『発酵は力なり』日本放出版協会

厚生労働省「簡易生命表 令和元年」https://www.mhlw.go.jp/toukei/saikin/hw/life/life19/dl/life19-15.pdf (2021年7月15日アクセス)

website

東洋経済Online (2022)「話題の完全栄養食「ベースフード」開発の紆余曲折」https://toyokeizai.net/articles/-/582779 (2023年3月15日アクセス)

日本食糧新聞電子版(2021)「大豆ミートのバリエーションが日本でも拡大 —タンパク質ブームが追い風に—」https://news.nissyoku.co.jp/column/ogura20210301 (2021年11月30日アクセス)

農林水産省「フードテック等を活用した持続可能な産業育成」https://www.maff.go.jp/j/shokusan/sosyutu/index.html (2023年3月15日アクセス)

Esquire「完全食(完全栄養食)おすすめ7選【2022年】」https://www.esquire.com/jp/lifestyle/food-drink/a38119723/the-best-recommended-complete-nutritional-diet/ (2022年7月22日アクセス)

Fact ism ファクトイズム(2021, August 16)「最近よく聞く『代替肉』とは?代替肉の種類やそのメリットなどを考えてみよう」https://factism.jp/factory-tips/9438/ (2021年11月30日アクセス)

Matsuyama, S., Sawada, N., Tomata, Y., Zhang, S., Goto, A., Yamaji, T., Iwasaki, M., Inoue, M., Tsuji, I., Tsugane, S., & Japan Public Health Center-based Prospective Study Group. (2021). *Association between adherence to the Japanese diet and all-cause and cause-specific mortality: The Japan Public Health Center-based Prospective Study*. European Journal of Nutrition, 60(3), 1327–1336. https://doi.org/10.1007/s00394-020-02330-0 (2021年11月30日アクセス)

MEMORVA(2022)『平均寿命世界ランキング・国別順位(2022年版)』 https://memorva.jp/ranking/unfpa/who_whs_life_expectancy.php (2021年7月15日アクセス)

●第8章

神田外語大学(編) (2018)『連続講義“食べる”ということ—「食」と「文化」を考える』 ぺりかん社

Jessamyn, N. (2005) *Manly Meals and Mom's Home Cooking: Cookbooks and Gender in Modern America. Food,* Johns Hopkins University Press; Illustrated edition.

website

高橋久仁子（2020）「食生活を惑わせるジェンダーとフードファディズム」日本家政学会誌，71(3)，200–205. https://doi.org/10.11428/jhej.71.200（2023年3月15日アクセス）

鳥居りんこ（2019, September 26）「共働きなのに家事は1人、「ワンオペ妻」の我慢が限界を超えるとき」DIAMOND ONLINE. https://diamond.jp/articles/-/212925（2020年8月1日アクセス）

内閣府男女共同参画局（2020）「特集 「家事・育児・介護」と「仕事」のバランス～個人は，家庭は，社会はどう向き合っていくか」男女共同参画白書 令和2年版．
http://www.gender.go.jp/about_danjo/whitepaper/r02/zentai/index.html（2020年8月3日アクセス）

●第9章

梅澤聡（2020）『コンビニチェーン進化史』イースト・プレス

村田沙耶香（2018）『コンビニ人間』文藝春秋

website

NIKKEI STYLE キャリアフレームワーク「「お客様は神様」が原因？　過剰労働生む大きな勘違い」https://style.nikkei.com/article/DGXZZO29079320W8A400C1000000//（2022年9月20日アクセス）

●第10章

ムハマド・ユヌス（2008）『貧困のない世界を創る―ソーシャル・ビジネスと新しい資本主義―』早川書房

website

環境省（2022）『我が国の食品ロスの発生量の推計値（令和2年度）の公表について』https://www.env.go.jp/press/111157.html（2022年7月31日アクセス）

経済産業省（2008）『ソーシャルビジネス研究会 報告書（案）概要版』https://www.meti.go.jp/shingikai/sankoshin/chiiki_keizai/pdf/009_02_01.pdf（2021年11月13日アクセス）

未来食堂　http://miraishokudo.com（2022年8月27日アクセス）

農林水産省（2020）『食品ロスの現状を知る』https://www.maff.go.jp/j/pr/aff/2010/spe1_01.html（2022年8月28日アクセス）

EMIRA（2019）『コンビニが変われば社会が変わる！コンビニ食品ロスと解決策』https://emira-t.jp/special/13465/（2022年7月31日アクセス）

TABETE. https://tabete.me/（2022年8月20日アクセス）

United Nations Environment Programme（2021）“UNEP Food Waste Index Report 2021”. Nairobi.
https://www.unep.org/resources/report/unep-food-waste-index-report-2021（2022年7月31日アクセス）

Y. Fukasaku（2016）Social Innovation: Innovation that changes society (Japanese Edition)（Kindle Edition）https://www.amazon.com/Social-Innovation-changes-society-Japanese-ebook/dp/B01CD46V44（2023年3月30日アクセス）

●レシピ

髙橋恒夫（2012）『たかはし塾―家庭料理はシンプルがおいしい』主婦の友社

Cookpad　https://cookpad.com/search（2023年3月30日アクセス）

NHK for school　https://www2.nhk.or.jp/school/movie/clip.cgi?das_id=D0005310760_00000（2023年3月30日アクセス）

模範解答（内容確認）

第1章

Section 1

1）ニューヨークのレストランで出てくる料理は、寿司、焼き鳥、天ぷら、ラーメンなどですが、ホームステイ中の家庭料理は素朴で、栄養のバランスがよく、とてもヘルシーな和食だと言っています。

2）「一汁三菜」とは、主食のご飯、汁物（スープ）と三つのおかずを組み合わせた献立のことです。

3）ホストファミリーのお母さんの世代は和食党が多いですが、若い人たちは洋食のほうが好きということがわかります。

Section 2

1）①ヘルシーで栄養バランスがよいこと、②多様で新鮮な食材を用いていること、③料理や食器を通じて自然や季節の変化を楽しめること、④伝統行事と密接な関わりがあることです。

2）筆者は、食の西洋化、家事の効率化や女性の社会進出によって料理に時間がかけられないことが原因だと言っています。

3）品数を少なくした「一汁一菜」のレシピや、和食に、洋風、中華、エスニックなどの味を組み合わせたレシピなどです。

第2章

Section 1

1）日本は北から南まで細長く、海に囲まれていて山も多いので、様々な地形や気候により、おいしい郷土料理が発展しました。

2）筆者は、春は大阪に行ってお好み焼きを食べ、夏は長野に行ってそばを食べました。そして、秋は長崎に行ってカステラを食べ、冬は北海道に行って石狩鍋を食べました。

Section 2

1）フード・ツーリズムはおいしい食を楽しめるし、町の魅力も知ることができるからです。

2）一つは香川県の「讃岐うどん」で、うどんを食べるだけでなく、町を散策して歴史や文化を学んだり、うどん作りが体験できます。もう一つは、静岡県富士宮市の「富士宮焼きそば」で、焼きそばツアーを行っています。

3）輸送のコストがかからず、新鮮なものが食べられます。

第3章

Section1

1）日本の各地から多くの男性労働者が単身で江戸に移住してきて、その人たちの胃袋を満たすために外食産業が発達しました。

2）にぎり寿司、天ぷら、うなぎのかば焼き、そば、うどん、甘酒などの屋台がありました。

3）江戸時代にお酒を立ち飲みできる屋台ができたことで、外でお酒を飲んだり食事をしたりする習慣が広まりました。また、酒屋で酒を買い、その場で飲めるようになったことが居酒屋のルーツだと言われています。

Section 2	1）明治時代に新政府は、西洋の政治、経済、文化、技術、思想を取り入れたり、産業や生活の基盤となるインフラ整備を行ったりしたので、国の近代化が進みました。 2）和製洋食とは、日本人の好みに合わせて、西洋料理を日本風にアレンジして調理した料理です。明治時代の人々は西洋の食材に慣れていなく、食材を手に入れるのが難しかったので、和製洋食が作られました。 3）和製洋食の例として、カレーライス、コロッケ、とんかつが挙げられています。

第4章

Section 1	1）ラーメンは日本の国民食の一つといわれるほど人気があります。ラーメン店は全国に 20,000 軒以上もあります。 2）ラーメンは 19 世紀後半ごろ中国から日本に入ってきて、1910 年に東京の浅草にオープンした店が今のラーメンの原型を作ったと言われています。そして、第二次世界大戦後、麺の原料の小麦が大量に輸入され、安くておいしい庶民の食べ物として定着しました。 3）日本のラーメン店の海外展開と現地の経営者によるラーメンブームの創出がラーメンのグローバル化の要素です。
Section 2	1）カリフォルニアロールやライスバーガーや寿司ブリトーなどを挙げています。 2）アメリカの一部のメディアからは、自由な食べ方を許さない姿勢がバッシングされました。 3）自国の食を「正しいもの」として、他の国で発達した寿司などの生産や消費を規定しようとする動きだと考えています。

第5章

Section 1	1）筆者を幸せな気分にしてくれたアニメの食卓シーンは、『クレヨンしんちゃん』で、しんちゃんの家族がテーブルを囲んで食事をしている場面です。 2）『となりのトトロ』のお弁当作りのシーンから、お弁当は家族のために愛をこめて作るものだということがわかります。 3）好きな人のためにお弁当にのりでハートマークを描いて、告白したりする場面です。
Section 2	1）『深夜食堂』は社会の中で周辺化されがちな人たちが集まる食堂です。店主は何でも作ってくれて、その場の客たちに共感や心の温もりを与えてくれるので、だれにとっても居心地がよい場所です。 2）『きのう何食べた？』の食の場面からは、主人公たちや周囲の人との関わりが深まったり、家族が次第に打ち解けていく様子がわかります。 3）『二郎は鮨の夢を見る』では、完璧主義で厳しい職人気質と頑固な営業方針を貫いている料理人の生き方が描かれています。

第6章

Section 1	1）筆者のお母さんが毎日のように作ってくれた、しいたけや大根などが入った野菜の煮物です。 2）「我が家の味」は、家庭のだれかが作る子どもに伝えたい料理で、「おふくろの味」は、母の味という意味です。二つの違いは、料理をする人が必ずしも母親というわけではないことです。 3）子どものとき、お父さんが作ってくれた親子丼です。
Section 2	1）「男飯」の特徴は、手軽でボリュームがあり、単に男性が作る料理というより、「がっつり」「豪快」などの男性をイメージさせる言葉や、「簡単」のような意味で表現されています。「おふくろの味」は、母を懐かしむポジティブな意味を持つ一方で、家庭の料理は女性の役割で、女性と料理のイメージを結びつけ、男女のステレオタイプを作り出しています。 2）「主婦のワンオペ」とは、女性が一人で家事も育児も抱えこむことです。問題点は、いまだに性別による役割分担の意識が根強く残っていることです。 3）ある高校生が名称変更の署名運動を起こしました。ジェンダー平等への意識向上に効果をもたらしました。

第7章

Section 1	1）筆者が好きだった給食のメニューは、炊き込みご飯、カレーうどん、メロンパンです。 2）給食当番は調理員さんが作ってくれた食事を教室まで運び、クラスメートに配ったりします。 3）（2019年には、）日本の小学校の99%、中学校の89%が給食を提供しています。
Section 2	1）こども食堂とは、地域の子どもたちに無料または安価で栄養のある食事や、温かな団らんを提供するコミュニティーの取り組みです。2021年には全国で6,000か所以上あります。 2）こども食堂の増加は、近年の日本の社会や経済の不安定さと家族形態の変化が背景にあります。 3）「孤食」とは、一人で孤独に食事をとることです。家族とのコミュニケーションが不足している状態であり、子どもの食事に対する憂鬱感が増したり、社会性の欠如の原因になったりします。

第8章

Section 1	1）日本人の長寿の理由として、ヘルシーな和食を挙げています。 2）出汁は、発酵によってカツオの油脂が分解されて脂肪分がなく、第五の味覚のうま味が含まれているので和食に重要です。 3）納豆汁には、タンパク質が豊富な大豆が原料の味噌と、腸内の免疫力を高める効果もある納豆が使われていて、タンパク質（プロテイン）が豊富で健康的な食べ物だからです。
Section 2	1）「精進料理」とは、肉や魚を使わずに野菜や豆、穀類を工夫して調理する植物性の高たんぱく質、低カロリー料理で、仏教の僧侶が修行中に食べる料理です。 2）「もどき」とは、ほかのものに似せるという意味です。 3）大豆ミートは日本では、健康的でおいしい食品として、スーパー、コンビニ、ファストフードチェーン店などで売られています。大豆ミートのレシピも、インターネットや料理本を通じて広まっています。 4）フードテックのメリットは、栄養価の高い新しい食品や調理法を開発したり、食料不足、食品ロスの解決策として期待できることです。デメリットは、添加物が含まれていたり、種類によっては高塩分、高カロリーのものもあったり、遺伝子組み換えの大豆が使われている可能性があることです。

第9章

Section 1	1）コンビニが便利な理由は、手軽に買えておいしい弁当や惣菜などが充実しているからです。 2）コンビニは、学生や高齢者、主婦など、より広い層の客に利用されています。また、コンビニで働く人も多様化し、外国人のスタッフが増えています。 3）筆者は近所のコンビニの外国人スタッフに対して、言葉の壁や働き方の違いなど、大変なことがたくさんあっても、信頼される存在になったことへの自信と輝きを感じています。
Section 2	1）「おもてなし」の由来の一つとして、茶席に招いた相手をもてなす茶道の考え方から来ていると説明されています。 2）サービス業の「おもてなし」や「お客様は神様」という考え方は、客が丁寧なサービスを当たり前に感じて従業員へのクレームや過剰な要求につながることが問題だと書かれています。 3）過重労働は、高級店から、ファストフード店やコンビニまで、日本の多くの企業で見られます。

第10章	
Section 1	1）家庭の食品廃棄の原因は、多めに買ってしまい、使いきれずに捨ててしまうことです。その対策として、食べられる量だけ作ること、食事をするとき食べ物を残さないことなどが挙げられています。 2）たとえば、コンビニで一店舗あたり年間20～30万トンもの食品が廃棄されていたことです。 3）NPOのフードバンクでは、企業から廃棄された食料を集め、経済的に困っている人達に提供しています。
Section 2	1）ソーシャルビジネスの定義は、ビジネスの手法を用いて、貧困や差別などの社会課題を解決する事業のことで、その特色は、社会性、事業性、革新性を取り挙げ、社会貢献のための商品やサービスを開発し、持続可能なビジネス活動を社会に広めることで、新しい価値を生み出すことを推奨していることです。 2）ソーシャルビジネスの先駆者と言われた人は、ナイチンゲールです。 3）ソーシャルビジネスの例として、「未来食堂」が挙げられています。

■著者紹介

編著者

プレフューメ裕子（プレフューメゆうこ）
現職：ベイラー大学 Senior Lecturer, 教育学 Ed.D.

村田晶子（むらたあきこ）
現職：法政大学教授，教育人類学 Ph.D.

田島寛（たじまひろし）
現職：ブラウン大学 Lecturer Emeritus, 言語教育 M.A.

執筆者

松橋由佳（まつはしゆか）：テンプル大学日本校，Assistant Professor <文法・語彙セクション>
根岸慎（ねぎしまこと）：テンプル大学日本校，Instructor <文法・語彙セクション>
清水秀子（しみずひでこ）：ヴァンダービルト大学，Senior Lecturer, Ph.D. <ことばコーナー>

協力者

佐藤慎司（さとうしんじ）：プリンストン大学，日本語教育プログラムディレクター
加藤登茂子（かとうともこ）：ウィリアムアンドメリー大学 Senior Lecturer Emeritus
服部津喜子（はっとりつきこ）：服部栄養料理研究会 <レシピ監修>
小林典子（こばやしのりこ）：元筑波大学教授
高林茂（たかばやししげる）：東海大学付属浦安高等学校，社会科研究主任

英語訳

Peggy Hardt（ハート・ペギー）：ベルビューカレッジ，Instructor

●写真協力：写真 AC
iStock
駅弁のあら竹
力の源ホールディングス
●声　優　：富樫萌々香
●音声編集：狩生健志

食(しょく)で考(かんが)える日本社会(にほんしゃかい)
Diving into Japanese Culture and Society through Food

2023年 4月 28日　第1刷 発行

［編著者］　プレフューメ裕子・村田晶子・田島寛

［発行人］　岡野秀夫

［発行所］　くろしお出版
〒102-0084　東京都千代田区二番町4-3
tel : 03･6261･2867　fax : 03･6261･2879
URL : http://www.9640.jp　mail : kurosio@9640.jp

［装丁］　鈴木章宏

［本文デザイン・DTP］　朝日メディアインターナショナル株式会社

［印刷］　シナノ印刷

ISBN 978-4-87424-944-4　C0081

■ダウンロード・DOWNLOAD

本書のウェブサイトから以下がダウンロードできます。

- □ 単語リスト(英語翻訳)・Word List (English translation)
- □ 読み物の英語翻訳・Reading Section's English translation
- □ アクティビティ設問文の英語翻訳・English translation of activity questions
- □ ワークシート・Worksheets
- □ 読み物の音声・Audio
- □ 文法・語彙練習問題
- □ 授業計画例
- □ 教師用指導手引き

⬇ DOWNLOAD

https://www.9640.jp/books_944/